Clár

Focal ón Eagarthóir

Tá os cionn ceithre chéad bliain de thaithí san iomlán le roinnt ag na hiriseoirí a scríobh aistí don leabhar seo. Is scríbhneoirí iad a thuigeann fírinne an scéil nuachta, croí na ceirde agus riachtanais an phobail. Tá a gcáilíochtaí agus a n-údarás saothraithe acu. B'fhéidir go roghnódh eagarthóir eile iriseoirí eile agus is cinnte go mbeidh eagrán nua de dhíth nuair a thiocfaidh an ghlúin atá ag saothrú faoi láthair in aibíocht.

Thiocfadh leat a rá go bhfuil gach uile scríbhneoir sa leabhar seo ionadaíoch ar ghné amháin den iriseoireacht. Tá siad uile ag feidhmiú i mbarr a maitheasa faoi láthair. Cé go bhfuil béim faoi leith sa leabhar ar na meáin Ghaeilge níl gach scríbhneoir ag obair trí mheán na Gaeilge. Tá, agus bhí riamh, neart cainteoirí Gaeilge ag obair d'irisí, do nuachtáin agus do stáisiúin raidió is teilifíse atá ag saothrú go huile is go hiomlán i mBéarla. Tá peirspictíocht faoi leith acusan ar na meáin fosta.

Mar a bheifeá ag súil tá neart ábhair scríofa ag scoláirí faoi thionchar agus faoi éifeacht na meán. Ní saothar acadúil é seo, áfach. Go bunúsach is leabhar é don ghnáthdhuine agus don scoláire araon. Tá cur síos ann ar an dóigh a fheidhmíonn iriseoirí, idir chleachtais agus chleasaíocht. Tá na haistí uile bunaithe ar thaithí na mblianta agus dá réir sin tá pointí láidre déanta iontu. Mar is dual do thionscal fadbhunaithe ar bith, tá corpas suntasach de bhéaloideas agus de scéalta grinn fáiscthe as an teagmháil a bhíonn againn leis an phobal a ndéanaimid freastal air. Tá cuid de na scéalta úd sa leabhar seo.

Tá cur síos sa leabhar seo ar na cleitheanna a bhíonn le treascairt ag an iriseoir coinsiasach ar bhonn laethúil. Tá dúshláin úra le sárú anois de bharr an bhorrtha sna meáin shóisialta agus cé go ndírítear go sonrach ar an ghné sin den iriseoireacht tá a dtionchar ag sní trí na haistí uile. Tugtar aird fosta ar an teanga a úsáideann iriseoirí sna meáin Ghaeilge agus iad ag saothrú i mionteanga atá ag feidhmiú faoi scáth teanga eile, an teanga is mó labhairt ar domhan. Lena chois sin, tá léamh faoi leith ar fheidhmiú na hiriseoireachta ag an dornán scríbhneoirí atá imithe ón gceird chuig an taobh eile den sconsa.

Scéal Scéil atá mar theideal ar an saothar seo mar go ndéantar cur síos ann ar cad as a ngintear scéalta nuachta chomh maith leis an chogar mogar atá de dhlúth agus d'inneach de shaol an iriseora. Tá mé iontach buíoch de na scríbhneoirí uile a bhí sásta a gcuid saineolais agus taithí a roinnt leis an léitheoir. Buíochas fosta le Caoilfhionn Nic Pháidín a thug cuireadh dom an leabhar seo a chur in eagar agus le foireann eagarthóireachta Cois Life as na profaí a léamh.

Breandán Delap

Réamhrá: Ag saothrú an chárta

Tuairim is cúig bliana is fiche atá mise ag plé leis an iriseoireacht, ar bhonn deonach, páirtaimseartha agus lánaimseartha. An t-am ar thosaigh mé mar oibrí deonach le hiris Bhéarla i mBéal Feirste, bhí Macintosh úrnua san oifig againn agus Aldous Pagemaker air. Bíodh sin mar atá, bhí clódóirí ann go fóill agus caint acu ar mhiotal te. Tháinig grianghraif tríd an phost nó tháinig an grianghrafadóir féin leis an phictiúr. Bhí slat tomhais san oifig leis an ghrianghraf a ullmhú agus nuair a bhí sé réidh, thug tú a fhad leis an chlódóir é – mar aon leis an chuid eile den iris a bhí greamaithe le gliú de leathanaigh. Chaith tú mórán ama ag fanacht le facs agus ag cur scairteanna ar dhaoine ag fiafraí cén fáth nár tháinig an facs. Bhí páipéar gach aon áit agus cúpla guthán san oifig – ceann don eagarthóir agus ceann don chuid eile againn agus sin a raibh de theicneolaíocht ann.

Is ar éigean a bhí iomrá ar cháilíocht ollscoile iriseoireachta an t-am sin. Is é an gnás a bhíodh ann gur shaothraigh tú cárta NUJ trí do chuid oibre féin. Sa chás go raibh an t-ádh ort, fuair tú áit traenála ar chúrsa le nuachtán nó craoltóir éigin agus thug siad oiliúint fhoirmiúil – agus gearr – duit ar cheird na hiriseoireachta sular tugadh cead do chinn duit. Sa chás nach raibh an t-ádh ort (nó fonn ort fiú) an bealach sin a leanúint, d'oibrigh tú mar shaoririseoir agus chuaigh thart ó nuachtán go nuachtán, ag tairiscint píosaí.

B'fhéidir go mbeadh an t-ádh ort agus post leathbhuan a fháil le hiris leathbhuan nó colún seachtainiúil ar pháipéar áitiúil agus cúpla pingin a thabhairt isteach dá réir sin. Diaidh ar ndiaidh a rinne tú iriseoir díot féin nó b'fhéidir gurbh fhearr a rá go ndearna do chomhghleacaithe iriseoir díot diaidh ar ndiaidh. D'fhoghlaim tú, mar shampla, go raibh an t-eagarthóir lándáiríre faoi sprioc-am. Má bhí an t-alt de dhíth air don Déardaoin, bíodh sé réidh don Déardaoin. Más 500 focal a iarradh ort a scríobh, scríobh 500 focal. Ní raibh 5,000 focal de dhíth air – dá fheabhas d'anailís agus do chur síos ar chúrsaí. Sa chás go raibh cruinniú poiblí nó comhdháil nó dráma ar siúl agus tú in ainm is a bheith ag tuairisciú ar an chruinniú poiblí, ar an chomhdháil, ar an dráma, thuig tú go luath go raibh ort bheith i láthair. Ní raibh an t-eagarthóir ag iarraidh aon 'dúirt bean liom go ndúirt bean léi'. Téigh, éist, scríobh, tar ar ais. In am. Le 500 focal.

Cinnte, bhí caint an t-am sin ar theastas san iriseoireacht agus, fiú, iarchéim. Dhéanadh mórán de na seanlaochra magadh faoina leithéid. Iarchéim! (Níl a fhios agam cad é an tuairim a bheadh acu de bhunchéim san iriseoireacht.) Ceird a bhí san iriseoireacht acu. D'fhoghlaim tú ceird faoi chúram iriseora níos sinsearaí. Chleacht tú ceird. Níor labhair tú faoi cheird. Agus, diaidh ar ndiaidh, d'fhoghlaim tú suáilcí (agus duáilcí) na ceirde. Chuir tú aithne ar dhaoine a bhí maith ina bun agus daoine nach raibh. Chuir tú aithne ar dhaoine a chuidigh leat agus daoine nár chuidigh. Chuir tú aithne ort féin; chuir tú boladh scéil nó níor chuir.

Agus, luath nó mall, fuair tú foirm ballraíochta don NUJ, labhair le cúpla comhghleacaí a bhí sa cheardchumann cheana, d'iarr orthu a n-ainm a chur leis an fhoirm agus fuair cárta draíochta NUJ trína thaispeáint go raibh tú ag saothrú do bheatha leis an iriseoireacht. Shaothraigh tú an cárta.

Tá mórán samplaí breátha de cheird na hiriseoireachta sa chnuasach seo agus is maith ann iad. Bain sult agus tairbhe as ciall cheannaithe do chomhghleacaithe. Éistear lena nglór. Léiríonn siad gnéithe éagsúla den cheird agus an cur chuige gairmiúil agus daonna a bhíonn de dhíth agus an teideal 'tuairisceoir' ar dhuine. Léiríonn siad na buanna a bhíonn ag iriseoirí ina saol oibre agus na botúin a dhéanann siad in amanna fosta.

Seo teistiméireacht ó dhaoine a chuaigh go dtí an cruinniú poiblí, an chomhdháil, an dráma. Seo daoine a thuigeann suáilcí na hiriseoireachta go maith mar gur fhoghlaim siad a gceird agus d'fhoghlaim siad go maith í. Chuaigh siad, d'éist siad agus tháinig siad ar ais leis an tuairisc. In am. Chuir siad aithne ar dhaoine a chuidigh leo agus ar dhaoine nár chuidigh. D'oibrigh siad faoi strus agus faoi ionsaí agus faoi cháineadh ach d'oibrigh siad mar sin féin.

Shaothraigh siad an cárta.

Pól Ó Muirí

Beathaisnéisí na n-údar

Deaglán de Bréadún

Thosaigh sé ag obair leis an *Irish Times* sa bhliain 1977 agus chaith tréimhsí éagsúla mar Eagarthóir Gaeilge, Eagarthóir an Tuaiscirt, Comhfhreagraí Gnóthaí Eachtracha agus Comhfhreagraí Polaitiúil. Foilsíodh leabhar gearrscéalta uaidh dar teideal *Sceallóga* (Comhar) in 1990 agus dhá eagrán dá leabhar faoin bpróiseas síochána, *The Far Side of Revenge* (Collins Press) in 2001 agus 2008. D'éirigh sé as foireann an pháipéir ag tús 2013 ach bíonn sé fós ag scríobh. Bhuaigh sé príomhdhuais iriseoireachta Oireachtas na Gaeilge in 1990 agus an *IPR/BT Northern Ireland Press and Broadcast Award for Daily News Journalism* in 1998.

Breandán Delap

Is Clár-Eagarthóir le Nuacht RTÉ/TG4 é. Bhí sé ina chéadeagarthóir ar *Foinse* ó 1996 go 2003. Chaith sé seal mar eagarthóir ar an chlár *Ardán* ar TG4 agus is é atá ina eagarthóir ar an gclár cúrsaí reatha *Seacht Lá* faoi láthair. Bronnadh Gradam 'Iriseoir na Bliana' de chuid an ESB air in 2003. Bronnadh Gradam IFTA ar a chlár faisnéise *Mad Dog Coll* (2000) agus bhain sé príomhdhuais an Oireachtais ar iriseoireacht chlóite in 1998 agus arís in 2010. D'ainmnigh Comhairle na hEorpa é ina shaineolaí in 2011 chun cuidiú le togra cumarsáide i dteangacha mionlaigh i gCónaidhm na Rúise. Baintear leas go forleathan as a shaoltar oiliúna san iriseoireacht, *Ar an Taifead* (an dara heagrán, Cois Life 2012).

Paul Drury

Is i seomra nuachta an *Evening Herald* a d'fhoghlaim sé ceird na hiriseoireachta sna 1970idí. Chaith sé dhá bhliain mar eagarthóir ar an bpáipéar seachtainiúil Gaeltachta, *Amárach*, i dtús na 1980idí. Chaith sé blianta fada ar chúlbhinse an *Irish Independent* ina dhiaidh sin agus tréimhsí mar eagarthóir ar an *Irish Daily Star, Evening Herald, Ireland on Sunday, Irish Daily Mail* agus *Irish Mail on Sunday*. Is colúnaí leis an *Daily Mail* é ó 2010.

Cilian Fennell

Tá os cionn cúig bliana déag caite aige ag plé le cumarsáid agus leis na meáin mar léiritheoir, stiúrthóir agus comhairleoir. D'oibrigh sé mar léiritheoir ar an *Late Late Show* le Gay Byrne agus mar Cheannasaí Clár le TG4 sular bhunaigh sé a chomhlacht féin, Stillwater Communications, in 2005. Anois bíonn sé ag obair le daoine agus le heagrais in Éirinn agus go hidirnáisiúnta mar chomhairleoir cumarsáide agus ceannaireachta. Tá an-tóir air freisin mar chainteoir ar chúrsaí scéalaíochta agus an chaoi a dtéann scéalta i bhfeidhm ar phobail.

Cathal Mac Coille

Is láithreoir ar an gclár raidió *Morning Ireland* ar RTÉ Raidió a hAon é. Chaith sé tréimhsí mar bhall d'fhoireann an stáisiúin i mBéal Feirste, mar chomhfhreagraí polaitiúil i Nuacht TG4, ina eagarthóir cúnta sa *Sunday Tribune*, agus mar eagarthóir ar an iris *Comhar* a fhoilsíonn corr-alt leis fós. Ghnóthaigh sé duais Jacob in 1990, gradam iriseoireachta an Oireachtais in 2003, agus duais nuachtiriseoireachta PPI in 2011.

Rónán Mac Con Iomaire

Leascheannaire RTÉ Raidió na Gaeltachta. Roimhe sin, d'oibrigh sé mar Chomhfhreagraí Rialtais Áitiúil do Nuacht RTÉ/TG4. Tá gradam *National Media Award* bainte amach aige as a chuid iriseoireachta, agus gradam Iriseoir na Bliana san Oireachtas as scéal a bhriseadh faoi dhinnéar conspóideach bhailiúchán airgid an iar-Thaoiseach, Bertie Ahern, i Manchain. Tá roinnt clár faisnéise láithrithe, taifeadta agus léirithe aige do RTÉ. D'oibrigh Rónán seal do *Independent Newspapers*, mar chomhfhreagraí Bhaile Átha Cliath don nuachtán *Foinse* agus mar eagarthóir i rannóg foilseacháin Idirlín Eircom. Tá obair déanta aige freisin do réimse leathan meán clóite, craolta agus ar líne, ar bhonn saoririseoireachta. Chaith sé dhá bhliain i mbun caidrimh phoiblí agus é ina chomhstiúrthóir ar an gcomhlacht Meas Media.

Harry McGee

Comhfhreagraí polaitíochta leis an *Irish Times* ó 2008 i leith. Roimhe sin d'oibrigh sé leis an *Irish Examiner, Sunday Tribune*, RTÉ agus an *Sunday*

Press. Cáilithe mar abhcóide. Suim faoi leith aige sa tsléibhteoireacht agus foireann iománaíochta na Gaillimhe.

Antain Mac Lochlainn

Is scríbhneoir agus aistritheoir é. Sealanna caite aige le *Foinse* agus le *Comhar* agus leabhair foilsithe aige faoi chúrsaí eagarthóireachta agus aistriúcháin. Ina eagarthóir ar an suíomh áiseanna www.aistear.ie.

Póilín Ní Chiaráin

Tá taithí fhada iriseoireachta aici i réimse na teilifíse, an raidió agus na meán clóite. Ba leis an gclár cúrsaí reatha *Féach* a thosaigh Póilín agus chaith sí seal ina dhiaidh sin ag obair le Nuacht na Gaeilge ar RTÉ. D'aistrigh sí go Béal Feirste in 1981 agus bhí sí ag obair mar thuairisceoir do RTÉ ansin le linn ceann de na tréimhsí ba chorraithí sa Tuaisceart. Chaith sí seal freisin sna 1990idí ina Ceannasaí Nuachta sa BBC i nDoire. Bhíodh colún seachtainiúil aici sa nuachtán *Foinse* agus is í a dhéanann anailís ar ghnóthaí an Tuaiscirt ar RTÉ Raidió na Gaeltachta. Bhuaigh sí gradam iriseoireachta cló an Oireachtais in 1997 agus in 2002 mar aon le gradam ceiliúrtha na nuascríbhneoireachta 'An Peann Faoi Bhláth.'

Máirín Ní Ghadhra

Tá sí ag obair le Raidió na Gaeltachta ó 1989 nuair a thosaigh sí mar bholscaire leanúnachais páirtaimseartha. Tá sí ag obair sa seomra nuachta ó 1996 agus faoi láthair tá sí ag obair mar láithreoir ar *Nuacht a hAon*. Bhain sí Gradam Oireachtais 'Iriseoir na Bliana' in 2004. Bhí sí mar Ionadaí na hÉireann san EPPJ in 2010 (duais iriseoireachta Pharlaimint na hEorpa) agus ar ghearrliosta dhuaiseanna raidió PPI faoi dhó.

Gormfhlaith Ní Thuairisg

Is craoltóir í le RTÉ Raidió na Gaeltachta ó 1999 i leith. Seal fada caite aici ag obair sa seomra nuachta, ag léiriú agus ag láithriú cláir cúrsaí reatha den chuid is mó. Is í a chuireann an clár *Adhmhaidin* i láthair.

Pádhraic Ó Ciardha

Leascheannasaí TG4 ó bunaíodh é. Thosaigh sé sa chraoltóireacht in 1979 mar Chlár-Reachtaire le Raidió na Gaeltachta. Bhí sé ar dhuine den mheitheal bheag a bhunaigh an clár ceannródaíoch raidió *Morning Ireland* in 1984 agus ina dhiaidh sin bhí sé ina Eagarthóir ar Nuacht Ghaeilge RTÉ, raidió agus teilifís. Chaith sé tréimhsí mar Chomhairleoir Craolacháin le beirt Airí Rialtais agus iad ag pleanáil do bhunú TG4.

Seán Ó Cuirreáin

Tá taithí leathan aige i réimse na cumarsáide i nGaeilge agus i mBéarla. In imeacht na mblianta bhí sé gníomhach i gcaidreamh poiblí, láithriú agus léiriú raidió, iriseoireacht chlóite, taighde agus léiriú teilifíse, léachtóireacht chumarsáide agus eile. Chaith sé tréimhsí mar Eagarthóir Stiúrtha Clár agus mar Leascheannaire ar RTÉ Raidió na Gaeltachta. Bhí sé ar dhuine de léiritheoirí bunaidh *Adhmhaidin* agus chaith sé sé bliana déag ar fhoireann an chláir sin. Cheap Uachtarán na hÉireann é mar Choimisinéir Teanga sa bhliain 2004 ar chomhairle an Rialtais agus Thithe an Oireachtais. Athcheapadh i mbun na hoibre sin arís é ar feadh tréimhse sé bliana eile in 2010.

Seán Tadhg Ó Gairbhí

D'oibrigh sé mar iriseoir leis an nuachtán *Foinse* ó 2000 go dtí 2009 agus bhí sé mar eagarthóir ar an nuachtán sin ó 2003 go 2009. Bhuaigh sé duais 'Iriseoir na Bliana' don iriseoireacht chlóite ó Oireachtas na Gaeilge in 2007 agus arís in 2008. Tá sé ag obair faoi láthair mar shaoririseoir agus mar Eagarthóir Cúnta leis an iris *Comhar* agus bíonn sé ag léachtóireacht san iriseoireacht in Fiontar DCU. Scríobhann sé go rialta don *Irish Times*.

Máirtín Ó Muilleoir

Bhunaigh sé Gaedheal Bhéal Feirste in 1979. Bhí sé ina iriseoir leis an *Andersonstown News* ó 1982–1997, ina pháirtí sa ghnó ó 1997. Bhunaigh sé *North Belfast News* (1998) agus *South Belfast News* (2001). Foilsitheoir *Lá* agus *Lá Nua* idir 1999–2008. Foilsitheoir *Daily Ireland* (Feabhra 2005– Meán Fómhair 2006). Faoi láthair, tá sé ina fhoilsitheoir ar an *Irish Echo* i SAM, ina stiúrthóir bainistíochta ar Ghrúpa Meán Bhéal Feirste agus ar Bóthar Ard, comhlacht déanta clár teilifíse. Is Comhairleoir Cathrach de chuid Sinn Féin é agus toghadh é mar Ard-Mhéara ar Bhéal Feirste sa bhliain 2013.

Pól Ó Muirí

Tá sé ina Eagarthóir Gaeilge leis an *Irish Times* faoi láthair agus é freagrach as 'Bileog', leathanach Gaeilge seachtainiúil an nuachtáin. Bhí sé seal ina eagarthóir forlíontaí leis an iris, *Fortnight*; ina cholúnaí ealaíon ag an *Andersonstown News*; ina cholúnaí tuairimíochta leis an *Belfast Telegraph* agus bhí colún spóirt aige ar *Foinse* lá den saol. Tá mórán ábhair scríofa aige i nGaeilge agus i mBéarla don *Irish Times* ar chúrsaí cultúir, liteartha agus eile. Bhuaigh sé duais iriseoireachta an Oireachtais mar 'Cholúnaí na Bliana' sa bhliain 2005.

'Ghabhfainn soir Tí Kitt' – cás eiseach an iriseora Gaeilge

Seán Tadhg Ó Gairbhí

Na blianta fada ó shin cuireadh agallamh ar fhear do phost i Raidió na Gaeltachta. Dúirt an bord agallaimh leis ligean air féin go raibh sé ag obair ar an deasc nuachta agus nach raibh fágtha aige ach leathuair an chloig chun teacht ar scéal amháin eile don chéad nuacht eile ag a haon a chlog. Cad a dhéanfadh sé?

'Chuirfinn fios ar na Gardaí féachaint an raibh aon scéal acu siúd,' a dúirt sé.

Dúradh leis ligean air féin nach raibh aon scéal nuachta ag na Gardaí, go raibh sé fiche a cúig nóiméad chun a haon agus go raibh sé fós gann ar scéal. Cad a dhéanfadh sé anois?

'Chuirfinn glaoch ar chara liom atá ag obair in Údarás na Gaeltachta féachaint an mbeadh aon leid faoi scéal aige,' arsa mo dhuine.

Ní raibh aon scéal ag a chara san Údarás, a dúradh leis, agus níos measa ná sin, bhí sé anois ceathrú chun a haon. Cad a dhéanfadh sé?

'Chuirfinn glaoch ar na polaiteoirí áitiúla féachaint an raibh aon rud spéisiúil le rá acu siúd,' arsa mo dhuine.

Ní raibh faic le rá ag na polaiteoirí a dhéanfadh scéal dó, a dúirt duine de bhaill an bhoird agallaimh. Bhí sé anois cúig nóiméad chun a haon agus an scéal sin ag teastáil tiubh te tapa. Cad a dhéanfadh sé sa chás sin?

'Ghabhfainn soir Tí Kitt,' arsa mo dhuine.

D'aithneodh aon iriseoir Gaeilge an fhírinne sa scéal grinn sin ó bhéaloideas na hiriseoireachta Gaeilge. Bhí laethanta mar sin againn ar fad nuair a bhraitheamar nach raibh fágtha mar rogha againn ach imeacht 'soir Tí Kitt'.

Nuair a chuirtear iriseoirí Gaeilge faoi agallamh faoina gcuid oibre is maith leo a rá i dtosach gur iriseoirí iad agus ina dhiaidh sin amháin gurb amhlaidh gur ag obair trí mheán na Gaeilge a bhíonn siad. Is deas an freagra é agus tá sé úsáidte go minic agam féin nuair a mhealltar le seic amach as an dteach screaptra mé. Faraor, níl sé fíor. Tuigim cén fáth gur ceist chigilteach ag iriseoirí Gaeilge í seo.

Is cuimhin liom féin an chéad uair a chuir duine éigin ceist orm cá fhad a bhí caite agam mar iriseoir Gaeilge gur bhraith mé nach raibh aon oidhre orm ach an peileadóir Meiriceánach ar cuireadh ceist air tráth *'how long have you been a black quarter-back?'* Ach in ainneoin a ndeirimid go poiblí, tuigimid nach ionann a bheith i d'iriseoir Gaeilge agus a bheith i d'iriseoir Béarla nó Fraincise.

Thuig cara liom a thug seal ag obair don nuachtán *Foinse* go maith cás ar leith an iriseora Gaeilge. Bhí nós ag an bhfear céanna teachtaireachtaí a fhágáil le rúnaithe polaiteoirí sinsearacha ag rá go raibh sé ag lorg agallaimh do cheann de na nuachtáin náisiúnta Bhéarla. Nuair a ghlaodh an tAire Airgeadais ar ais air, ligeadh sé air féin gur mhíthuiscint a bhí ann. *'Oh no, not The Irish Times, I'm from Foinse, the national Irish language newspaper,'* a deireadh sé go soineanta. B'fhéidir nach raibh a chur chuige ag teacht le dea-chleachtais na hiriseoireachta ach fuair sé a agallamh agus fuair sé in am é. An rogha eile a bhí aige ná seachtain a thabhairt i mbun glaonna nach mbeadh de thoradh orthu sa deireadh ach ríomhphost le ráiteas beag neamhurchóideach ó státseirbhíseach. É sin nó dul soir Tí Sé.

I measc na rialacha iriseoireachta atá ag an gcraoltóir ón BBC Jeremy Vine ina leabhar *It's All News to Me* (1999), tá an ceann seo: *'No matter how important you think you are, you are not that important.'* Ní gá don iriseoir Gaeilge a bheith róbhuartha faoin riail áirithe sin a bhriseadh mar meabhraítear dó gach lá an easpa tábhachta a bhaineann leis. Ní dóigh liom, mar shampla, go raibh riamh ar eagarthóir an *New York Times* ainm a nuachtáin a fhoghrú go mall ar an bhfón le go dtuigfí é, cúram a thiteadh ormsa ar bhonn laethúil i gcás *Foinse* nuair a bhínn ag obair don pháipéar sin. (Sa deireadh thosaíomar féin ag tabhairt 'Fonzy' air go magúil.)

Ní hé sin le rá nach bhfuil iriseoirí Gaeilge amuigh atá dall ar an bhfianaise ar fad atá ann maidir leis an easpa tábhachta a bhaineann leo. Is iad siúd na hiriseoirí Gaeilge is measa dá bhfuil ann, an dream sin a chreideann go bhfuil suim ag an bpobal ina dtuairimí faoi cheist an Mheánoirthir agus a cheapann gur iriseoireacht atá i gceist le droch-Ghaeilge a chur ar rud éigin a léigh siad in sa *Guardian*. Ní maith leis na hiriseoirí seo am a chur amú ar rudaí gránna ar nós taighde a dhéanamh nó agallaimh a chur ar dhaoine. Ón taithí atá agamsa is iad na hiriseoirí Gaeilge is lú a bhfuil meas acu orthu féin na hiriseoirí Gaeilge is fearr atá againn.

'Dhera, ag líonadh an spáis,' a deir duine de na hiriseoirí Gaeilge maithe sin aon uair a chuirim ceist air conas atá aige. Líonann sé an 'spás' sin go maith agus go coinsiasach agus ní heol dom cén tuairim atá aige faoi cheist an Mheánoirthir.

Is beag, áfach, atá idir an tsoiniciúlacht shláintiúil sin agus an sceimhle eiseach a chuireann an t-iriseoir Gaeilge dá bhuille go minic. Is cuimhin liom fós an cheist a chuir iriseoir Gaeilge áirithe orm ag Bronnadh Ghradaim Chumarsáide an Oireachtais tamall de bhlianta ó shin. Uair éigin idir na *petits fours* agus fógra an chéad ghradaim fuair an sceimhle eiseach an ceann is fearr air, líon sé gloine fíona dúinn beirt agus dúirt, 'Dá bpléascfaí buama anseo agus dá gcaillfí gach éinne againn, an dtabharfadh éinne faoi deara é?'

Sin í an saghas ceiste fealsúnachta a bhíonn ag dó na geirbe againn agus sinn ag scríobh 700 focal faoi na baill nua atá ceaptha ar Bhord Údarás na Gaeltachta, an t-ábhar imní a bhíonn againn agus sinn ag rith agus ag rás timpeall baile beag lár tíre ag lorg Gaeilgeora nó ag cur pacáiste le chéile faoin a laghad cruinnithe a bhí ag fochoiste Gaeilge an Rialtais maidir leis an *Straitéis 20 Bliain don Ghaeilge* (2010). Sin í an saghas ceiste nach gcloistear ag seimineáir faoi staid na hiriseoireachta Gaeilge ach sin í an saghas ceiste a choimeádann cuid againn ó chodladh na hoíche.

Tá dúshláin ar leith ag baint le bheith i d'iriseoir Gaeilge, agus is dóigh liom gur chóir na dúshláin shainiúla Shisifeasacha sin a chur ar shúile éinne atá ag cuimhneamh ar dhul le hiriseoireacht na Gaeilge, ar eagla go gceapfaidís gur cruinnithe rúnda i gcarrchlóis faoi thalamh agus *cocktails* le mná aimsire TG4 atá rompu.

Mar sin, seo mo chomhairle daoibh, a ábhar iriseoirí:

1. Níl tú fiú leath chomh tábhachtach is a cheapann tú. Ceacht é seo a d'fhoghlaim iriseoir ó *Nuacht TnaG* le linn a chéad sheachtain oibre leis an stáisiún leath-Ghaeilge. Bhí sé in oirthear na tíre ag clúdach scéil agus tharla go raibh clár raidió Pat Kenny ag teacht ón láthair chéanna. Bhí an fear óg ar bís nuair a tháinig Kenny sall chuige chun labhairt leis. Iriseoir ceart ab ea é anois, é amuigh ar an *beat* i mbun cabaireachta le Pat Kenny féin. 'TnaG', arsa Pat, *'your viewership figures are appalling!'* Ní raibh an fear bocht leath chomh tábhachtach is a cheap sé agus is cinnte nach raibh sé leath chomh tábhachtach le Pat Kenny.

2. Bí ag léamh agus ag éisteacht. *'A writer is a reader that is moved to emulation,'* a dúirt an scríbhneoir Meiriceánach Saul Bellow. Tá an rud céanna fíor faoin iriseoireacht ach chuirfeadh sé iontas ort a laghad iriseoirí Gaeilge a bhfuil suim acu san iriseoireacht. Má tá suim agat san iriseoireacht mar sin, beidh buntáiste agat. Bí ag léamh saothar na n-iriseoirí clóite is fearr. Tá siad ann i nGaeilge chomh maith cé go bhfuil siad tearc a ndóthain. Tosaigh le Breandán Ó hEithir (1930– 1990). Ó bheith ag éisteacht le daoine áirithe cheapfá nach raibh fiú Breandán Ó hEithir féin chomh maith le Breandán Ó hEithir, ach níl aon amhras ach go raibh sé go maith agus gur fiú go mór a shaothar a léamh. Bí ag éisteacht leis na craoltóirí is fearr agus bí ag foghlaim uathu. Déan iarracht na craoltóirí agus na scríbhneoirí is measa a aithint agus bí ag foghlaim uathusan chomh maith. Ní déarfaidh mé cé hiad féin ceal spáis.

3. Cuimhnigh i gcónaí ar an bpobal a bhfuil tú ag freastal orthu. Is fíor go bhfuil suim ag Gaeilgeoirí i níos mó ná ceist na teanga ach ná tabhair aon aird orthu siúd a deir leat nach bhfuil suim ag pobal na Gaeilge i scéalta faoin nGaeilge. Níl éinne eile chun tuairisciú a dhéanamh ar na scéalta seo agus is minic nach mbíonn na daoine a bhíonn ag gearán fúthu ach ag iarraidh cuma na sofaisticiúlachta a chur orthu féin. (Ní bheadh aon leisce ar na daoine céanna alt ar cheist an Mheánoirthir a scríobh dá dtabharfaí an deis dóibh.) Agus bí cinnte chomh maith gurb é pobal na Gaeilge is túisce a bheadh ag gearán dá n-éireoimis as clúdach a dhéanamh ar scéalta faoin nGaeilge. Glac lena gcomhairle

siúd a bhfuil fios a gcúraim acu, ach bí cúramach gan éisteacht an iomarca le hiriseoirí Gaeilge eile. Tharlódh go mbeadh níos mó suime ag na hiriseoirí Gaeilge eile sa *snug* Tí Hughes i miontuairiscí chruinnithe Bhord Fhoras na Gaeilge ná mar a bheadh ag an seanfhear suite ag an mbeár.

4. Tá dualgas ort a bheith cruinn agus ceart i do chuid Gaeilge. Is mó an dualgas atá ort ó thaobh úsáid na teanga ná an dualgas atá ar iriseoirí i dteangacha eile mar tá ról ar leith ag na meáin chlóite agus chraolta i gcaomhnú agus i bhforbairt na Gaeilge. Ar ndóigh tá cúiseanna maithe eile ann le bheith cruinn mar a d'fhoghlaíomar in *Foinse* nuair a chuaigh colún polaitíochta i gcló agus botún cló i líne amháin ann nár éirigh leis an eagarthóir breith air. 'Tá David Trimble ag iarraidh bob a bhualadh … ' a bhí in ainm is a bheith ann ach 'd' seachas 'b' a bhí ag deireadh an fhocail 'bob'. Seachas sin níl aon dualgas eile ort ach an fhírinne a insint agus má fhaigheann tú scéal eisiach go bhfuil an bás tugtha ag an nGaeilge, glan an deoir de do shúil agus bí buíoch as an scúp.

5. Éist le daoine ach bíodh seift éalaithe agat nuair a thosaíonn siad do do chrá. Ní hionann ceird na hiriseoireachta agus ceirdeanna eile. Ní stopann éinne ag bun dréimire ar thaobh na sráide chun dul i mbun argóna le péintéir maidir lena rogha datha, ach is mó saineolaí glórach ar cheird na hiriseoireachta atá ann. Is iad lucht na Gaeilge is measa agus loitfidh siad deireadh seachtaine an Oireachtais ort mura mbíonn seift mhaith agat chun éalú uathu. D'fhoghlaim mé é seo nuair a thug mé faoi deara go raibh iriseoir eile de shíor do mo chur in aithne do dhaoine ag an Oireachtas mar 'eagarthóir *Foinse*' agus ag bailiú leis ar an bpointe. Is iomaí monalóg fhadálach ar na laigí a bhain le mo shaothar a chuala sular thuig mé an cleas a bhí ar bun aige.

6. Fiú nuair atá cuma na comhcheilge air ní comhcheilg i gcónaí atá ann. Bíonn iriseoirí Gaeilge róthugtha uaireanta do theoiricí comhcheilge. Thug mé tamall ag obair mar chomhairleoir ag Aire Rialtais agus casadh Aire eile liom sa Dáil lá amháin a mbíodh plé agam leis mar iriseoir roimhe sin. 'Anois,' a dúirt sé, 'nuair a bhí tusa ag obair don nuachtán sin shíl tú gur 99% *conspiracy* a bhí ann agus 1% *chaos*, ach

tuigeann tú anois gur 99% chaos agus 1% *conspiracy* a bhí ann.' Is oth liom a rá go raibh an ceart aige.

7. Ná hinis don tiománaí tacsaí cén ghairm atá agat. Cuirfidh sé ceist ar dtús ort an bhfuil aithne agat ar Dháithí Ó Sé agus ansin inseoidh sé scéal fada uafásach duit faoin drochíde a thug a mhúinteoir Gaeilge dó fadó fadó in Éirinn roimh theacht do Dháithí Ó Sé. Déanta na fírinne is fearr gan insint d'éinne cén jab atá agat más féidir in aon chor é. *'Would you like to try it in English?'* an cheist is coitianta a chuirtear ar chara liom atá ag obair mar iriseoir Gaeilge i mBaile Átha Cliath nuair a insíonn sé do dhaoine cén tslí bheatha atá aige. Má tá tú ag iarraidh go mbeadh meas ag strainséirí ort téigh ag obair trí mheán an Bhéarla. 'Níor shíl mé go mbeadh Béarla maith mar sin agatsa, *fair play* dhuit,' a dúirt duine éigin liom nuair a scríobh mé alt i mo chéad teanga den chéad uair san *Irish Times*.

8. Bain súp as. Is dóigh liom nach ndearna mé an oiread gáire (ná gol) riamh is a rinne mé nuair a bhí mé ag obair le *Foinse*. Bhain cuid mhaith den chuideachta a bhíodh againn le cur le chéile *Ar Son na Cúise*, ár mbréagnuachtán aoir seachtainiúil. Is cuimhin liom oíche amháin nuair ba ar éigean a bhaineamar ár sprioc amach leis na clódóirí mar go raibh an oiread sin gáire á dhéanamh ag an mbainisteoir táirgeachta leis an mbréag-cheannlíne nuachta, 'Tine i gceannáras RnaG i gCasla, níor gortaíodh éinne ach dúisíodh beirt.' Ceann eile a thaitin liom féin ná an t-agallamh eisiach le miúil Gabriel Rosenstock, údar *Ólann mo mhiúil as an nGainséis* (2003), inar mhaígh an mhiúil gurbh é Gabriel agus nárbh é féin in aon chor a bhí ag ól as an abhainn naofa. Agus déanaim gáire fós nuair a chuimhním ar an oíche a chaitheamar ag dearadh bréagfhógra Béarla don Oireachtas (*'The Gathering'*) agus imeachtaí ar nós na *'Men and Women Competitions'* agus na *'Little Benders'* luaite. (Ní haon iontas is dócha gur dhún *Foinse*.) Maidir leis na fíor-cheannlínte, chaithfí an chraobh a thabhairt do 'Ní mar a shíltear Ibiza' ach bhí mé féin mórálach go maith as 'An Chipir don bhricfeasta', a foilsíodh ar an lá céanna go raibh cluiche bog ag foireann sacair na hÉireann go luath ar maidin i gcoinne na Cipire. Is mór an chabhair don iriseoir Gaeilge acmhainn grinn a bheith aige. Ba mhór an chabhair dúinn an greann dorcha nuair a bhásaigh *Foinse* ar an gcúis chéanna

a luaigh James Cameron le bás an nuachtáin an *News Chronicle* thiar sna 1960idí – *'(it) died of an embolism; a wholesome circulation impeded by clots.'* (Fágfaidh mé fúibh féin é a dhéanamh amach cérbh iad na 'clots'). Bíodh acmhainn grinn agat mar sin, mar is beag acmhainní eile a bheidh agat.

9. Ní thagann údarás roimh aois. Ó tharla go mbíonn easpa acmhainní ar na meáin Ghaeilge is annamh a fhaigheann iriseoirí Gaeilge óga printíseacht cheart. Leagtar cúraimí orthu nach leagfaí go deo ar iriseoirí óga an Bhéarla. Is buntáiste iontach é seo ach ná glac leis mar chomhartha go bhfuil an beart déanta agat. Maíonn an t-iriseoir Astrálach Martin Flanagan gur cailín cúig bliana déag d'aois a chuir an cheist is fearr air a chuala sé riamh faoin iriseoireacht: *'Why should we believe a single word you say?'* Ní foláir muinín a thuilleamh. Cén fáth a gcreidfeadh éinne focal dá bhfuil le rá agat? Cuir an cheist sin ort féin gach lá agus bíodh an freagra i ngach a scríobhann tú nó a chraolann tú.

10. Tóg sos ó shaol na Gaeilge. Léigh ficsean Mheiriceá Theas. Téigh ag siúl sna sléibhte. Féach ar mhórchluiche ollmhór na Céadaoine ó phríomhroinn Shasana. Éist le ceol iarphonc Mheiriceá. Ól fíonta an domhain. Ceannaigh ticéad don *bromance* is déanaí ó Hollywood. Cláraigh le rang ar an deileadh adhmaid. Ach pé rud a dhéanann tú, tóg sos rialta ó 'shaol na Gaeilge' ar mhaithe le do shláinte intinne.

An saol ar Phláinéad an Táblóideachais

Paul Drury

'The public have an insatiable curiosity to know everything, except what is worth knowing. Journalism, conscious of this, and having tradesman-like habits, supplies their demands.' (Oscar Wilde, *The Soul of Man Under Socialism*, 1891)

I gcathair mhór Londan a tharla sé, sa bhliain 1992 – mé díreach ceaptha mar eagarthóir ar an *Irish Daily Star* agus cuireadh agam cuairt a thabhairt, den chéad uair, ar cheanncheathrú an mháthairpháipéir, *Daily Star* Shasana. Bhí os cionn cúig bliana déag caite agam mar iriseoir faoin am seo, in Éirinn agus thar lear, agus, orthu sin, seal mar eagarthóir ar an bpáipéar seachtainiúil Gaeilge, *Amárach*, agus seal sách fada freisin mar leaseagarthóir ar an bpáipéar is mó ráchairt sa tír, an *Irish Independent*. Cheap mé gur bheag nach raibh ar eolas agam ar mo cheird. Nach mé a bhí saonta!

Is ag Aerfort Heathrow a fuair mé an chéad leid: Jaguar mór dubh agus tiománaí cúirtéiseach le caipín speiceach ag fanacht liom, seachas an seantacsaí bréan inar thug tiománaí cantalach, drochmhúinte mé go hAerfort Bhaile Átha Cliath an mhaidin sin. Isteach liom i gcúl an Jag agus *away* linn i dtreo pálás mór gloine agus cruach ar bhruach an Thames, díreach in aice le Blackfriars Bridge.

Is anseo a bhí an *Star* lonnaithe ó bhog siad féin agus an chuid eile de nuachtáin náisiúnta Shasana amach as Fleet Street blianta beaga roimhe sin. Ach, más amhlaidh a bhog na hiriseoirí go fisiciúil ón gceantar cáiliúil úd, níorbh amhlaidh ina gcroí istigh. Cosúil le treabh s'againne féin agus muid ar deoraíocht, is dream iad muintir Fleet Street a d'fhan dílis i gcónaí do thraidisiúin agus do nósanna a bhfód dúchais, ba chuma cá gcasfaí iad.

Ní túisce a bhí mé bailithe thar tairseach isteach, gur thug mé faoi deara go raibh tábhairne i gceanncheathrú nua *Express Newspapers*. Sea, *pub* ceart – agus é suite in áit bhreá áisiúil díreach taobh istigh den doras. (Bhí difear suntasach amháin, mar sin féin, idir an *pub* foirne seo agus gnáthphub. Ní raibh aon leithreas ann – agus cúis an-simplí leis seo, go gcaithfeadh na hiriseoirí dul ar ais chuig a gcuid oifigí féin, luath nó mall, chun streall a ligean.) Fiú amháin sa Fleet Street taibhsiúil seo, áfach, thuig mé go raibh sé beagán beag róluath an mhaidin áirithe seo chun dul ag bualadh cuntair.

Suas liom más ea chuig oifig eagarthóir an *Star*, Brian Hitchen, é suite ar an tríú hurlár agus radharc breá aige – mar ba dhual dá leithéid – anuas ar phríomhchathair na himpireachta. Bhí comhdháil eagarthóireachta na maidine faoi lán seoil agus cuireadh agamsa suí isteach ann. Is ag eagarthóir na bpictiúr, Albanach mánla meánaosta darb ainm Jimmy Sutherland, a bhí an t-urlár. Agus mura raibh scéala mór aige do lucht na comhdhála ... pictiúir eisiacha, díreach tagtha isteach te bruite as Florida. Pictiúir de ... Madonna.

Ar ndóigh, níorbh í seo an Madonna ar a raibh cleachtadh agamsa agus mé ag obair i measc seaniriseoirí cráifeacha an *Indo* thar na blianta – Máthair Mhic Dé a bhreathnódh anuas orm go séimh gach lá ón altóir a tógadh di ar phríomhstaighre Independent House chun Bliain Mhuire a cheiliúradh in 1954. Níorbh í ar chor ar bith ach an raicleach sin de phopamhránaí a raibh cáil dhomhanda bainte amach aici le blianta beaga anuas – agus ní mar gheall ar a cumas fonnadóireachta amháin.

Tharla sé go raibh *oeuvre* nua ar na bacáin ag Madonna ag an am ... leabhar mór bord caife, lán de phictiúir di féin agus páirtithe éagsúla, idir fhir agus mhná, idir dhubh agus bhán. An teideal lom díreach: *Sex*.

Sea, go deimhin. Séard a bhí faighte ag Sutherland ná sraith pictiúr a thóg *paparazzo* éigin Meiriceánach de Madonna agus í ar an seit. Í lán-nocht, ar ndóigh. Í i mbun aicsin lena cuid páirtithe éagsúla, ar ndóigh. D'fhéadfá 'te bruite' a ghlaoch orthu seo, cinnte!

Is deacair é a chreidiúint tar éis fhiosrúchán Leveson agus gach ar bhain leis agus tar éis an mhéid achrainn atá tarraingthe ag a leithéid de phictiúir, don *Star* ach go háirithe, ó shin, ach ba bheag aird a thug iriseoirí ar cheisteanna príobháideachais ag an am – agus ba lú fós a thug na hiriseoirí tablóideacha. '*Ethics?*' a dúirt eagarthóir iomráiteach *The Sun*, Kelvin McKenzie, uair amháin, más fíor. '*Isn't that a place east of London where men wear white socks?*'

Go deimhin, ba é an t-aon imní a bhí ar fheidhmeannaigh shinsearacha an *Star* an lá áirithe seo ná a chinntiú nach mbeadh oiread agus ribe amháin le feiceáil ar Madonna thíos staighre. (Tráthúil go leor, bhí ealaíontóir don scáthú aerscuaibe fostaithe go lánaimseartha acu chun a leithéid a chinntiú i gcás na mban ar Leathanach a Trí.)

Fuair mé amach tamall fada ina dhiaidh seo, dála an scéil, nach inniu ná inné a d'fhoghlaim Hitchen agus Sutherland cén chaoi le teacht ar phictiúir eisiacha den chineál seo ar bhealaí neamhchoitianta. Ba iad a fuair, in 1977, an pictiúr cáiliúil sin de Elvis Presley sínte sa chónra don *National Enquirer* – 'Get me Elvis in the box' a dúirt úinéir an *Enquirer*, Generoso Pope (1927–1988), leo agus ní duine é Pope a n-eiteofá dá chuid orduithe. Rinne an bheirt margadh le col seisear éigin le Presley, a sheas sa scuaine in Graceland leis na céadta eile chun 'ómós' a thabhairt don Rí – ach go raibh ceamara beag bídeach i bhfolach ina chába. Faoi dheireadh, nuair a tháinig sé chomh fada leis an gcónra, chrom sé síos agus thóg grianghraf. Díoladh 6.5 milliún cóip den eagrán sin den *Enquirer* – an méid is mó, a deirtear, a díoladh d'aon pháipéar nuachta in aon áit ar domhan roimhe sin nó ina dhiaidh.

Ní hiontas ar bith, mar sin, an mhaidin bhreá earraigh seo cúig bliana déag ina dhiaidh, agus iad ar ais i Londain Shasana, gur tháinig meangadh mór ar éadan Hitchen agus gur chuimil sé a lámha le chéile le teann áthais. Ba léir gur chuma leis faoi scéal ar bith eile a bhí ar liosta an eagarthóra nuachta. 'Madonna's minge!' a deir sé leis féin arís agus arís eile agus na seacht gcroíthe air. 'Mura gcuireann sé seo cúpla céad míle breise leis an díolaíocht ar maidin amárach, ní lá go maidin é.'

Bhí an láncheart aige, mar a tharlaíonn sé – cé nár mhiste a rá nár fhoilsíomar in eagrán na hÉireann iad! Ach is ag an nóiméad sin a thuig mé i gceart den chéad uair go raibh mé leaindeáilte ní hamháin i dtír nua ... ach ar phláinéad nua, Pláinéad an Tablóideachais.

Pláinéad ar a gcaithfí neamhaird a dhéanamh go minic, ní hamháin de chuid mhaith de na bunrialacha iriseoireachta a bhí foghlamtha agam le cúig bliana déag anuas leis an *Indo*, ach de chuid mhaith de dheasghnátha an ghnáthshaoil freisin. Ní hin le rá, ar ndóigh, nach raibh cleachtadh maith agam cheana féin ar ghnéithe áirithe de cheird seo na hiriseoireachta – an dara ceird is sine ar domhan, a deirtear – nár mhaith leat a sceitheadh le do mhamó. Nach raibh na blianta caite agam mar chrann taca ag Vinnie Doyle – eagarthóir cumasach, iomráiteach an *Indo*, ach fear freisin nach mbeadh náire ar bith air dul ag bradaíl ar scéalta páipéar eile! Mar a mhaígh sé féin go mion agus go minic: 'Níl aon chóipcheart ar fhíricí.'

Cuimhnigh freisin gur ar an *Evening Herald* i mBaile Átha Cliath a oileadh mé, nuair a bhí an *Herald* agus an *Evening Press* fós i ngéarchoimhlint lena chéile ar shráideanna na príomhchathrach – eagrán i ndiaidh eagráin, ceithre eagrán in aghaidh an lae. Páirc thraenála den scoth a bhí ann, ach sách dúshlánach freisin.

Ag 7 a.m. a thosaíonn gach maidin. 'Ná bac le do chóta mór a bhaint díot, a mhaicín,' a deireadh an t-eagarthóir nuachta, Páraic Beirne, liom go mion agus go minic. (Bodach mór d'fhear as Ros Comáin a bhí ann, a mbíodh deich Players caite aige faoin am seo ar maidin agus a dtionchar siúd ar a ghlór. Ach an oiread le Generoso Pope, níor mhaith leat é a eiteach.) Agus bhíodh a fhios agam ar an bpointe gur amach chuig láithreán tragóide éigin, nó ag cnagadh ar dhoirse i mBaile Munna ar thóir pictiúir de dhuine éigin a maraíodh i dtimpiste bóthair nó i gcíréib shráide, a bheinn ag dul. Níorbh fhiú do shaol dá dtiocfá ar ais gan an scéal nó an pictiúr, go háirithe dá mbeadh an ceann is fearr faighte ag an Press ort. Sin ceann de na fáthanna, is dócha, nár leasc linn bob a bhualadh ar an bhfreasúra am ar bith a bhfaighimis deis.

Ba chuid riachtanach de threalamh an tuairisceora ar pháipéar tráthnóna an tráth sin, mar shampla, mar aon le leabhar nótaí agus peann, slám seanphinginí cama a bheith ina phóca aige nó aici. Ní raibh le déanamh, i ndeireadh an lae, ach ceann acu seo a bhrú síos sliotán an bhosca teileafóin, tar éis duit glaoch isteach le do thuairisc féin, lena chinntiú nach mbeadh tuairisceoir an Press in ann an fón céanna a úsáid i do dhiaidh.

Ní raibh mé gan chleachtadh ach an oiread ar an ragairne a bhíodh luaite le hiriseoirí Fleet Street. Chuaigh traidisiún an óil agus traidisiún na hiriseoireachta lámh ar láimh i mBaile Átha Cliath díreach mar a chuaigh i Londain. Nach iomaí oíche a bhí caite agam go maidin gheal sa síbín brocach sin i mbarr an tí os cionn shiopa geallghlacadóirí Kilmartins ar a dtugtaí *The Irish Times Social Club?* (Ní gá a rá nár cuireadh béim ach ar ghné amháin de chúrsaí caidrimh ann.)

Anuas air sin agus eile, agus mé i mo leaid óg ag obair leis an *Herald*, mura gcuirtí amach ar thairseach éigin mé ar maidin, shuífinn sa seomra nuachta in aice le comhfhreagraí cáiliúil coiriúlachta an pháipéir, Jimmy Cantwell. I leabhrán beag batráilte a bhí uimhreacha a chuid foinsí – a raibh de ghardaí sinsearacha san ardchathair ann – coinnithe ag Jimmy. Ach minic go maith, tharla croitheadh chomh láidir sin a bheith i lámha an tseanfhondúra seo an chéad rud ar maidin, is ar éigean a bhíodh sé in ann an fón féin a chrochadh gan trácht ar cheann de na huimhreacha seo a dhiailiú. Fágadh an cúram sin fúmsa. Ní imeodh an croitheadh go dtí go n-éalódh Jimmy amach as an oifig ag 10.30 am, chun casadh sa snug in The Palace Bar lena phríomhfhoinse, 'Blackie' O'Connor, Ceannfort Shráid na bPiarsach, fear a raibh an dúil chéanna aige sa bhraoinín. (Ach níor mhiste a rá freisin gurbh annamh nár tháinig sé ar ais le príomhscéal d'eagrán an lóin!)

Ní ragairne ná gliceas sráide amháin a dhéanann sainmhíniú ar Phláinéad an Táblóideachais, mar sin féin, cé go mbíodh (agus go mbíonn) na tréithe sin le sonrú go láidir ann. Agus, ar fhaitíos na míthuisceana, ní hiad pictiúir de Madonna ina craiceann ach an oiread – cé go mbíonn neart dá leithéid ann freisin, mar a bheadh a fhios ag duine ar bith a léadh leithéidí *The Sun*. Ní hiad, ach rud eile ar fad, rud i bhfad Éirinn níos bunúsaí – ach rud a thuig mé go ríshoiléir den chéad uair an mhaidin sin in oifig eagarthóir an *Star*. Agus is é sin gurb iad na léitheoirí is tábhachtaí ar an bpláinéad seo. Agus sin í an bhunchúis gur thit mise i ngrá leis an táblóideachas an lá sin, agus go bhfuil mé fós i ngrá le fiche bliain ina dhiaidh.

Tá áit lárnach ag páipéir mhóra thromchúiseacha, ar nós an *Irish Times* nó an *Washington Post*, sa phróiseas daonlathach. Ach tá áit chomh tábhachtach céanna – agus seans níos tábhachtaí fós – ag na táblóidigh. Is iad, go mion agus go minic, a chothaíonn agus a chaomhnaíonn nós na léitheoireachta i measc na cosmhuintire. Agus is iad a choinníonn daoine, nach suim leo cúrsaí reatha mórán, ar an eolas faoi na cúrsaí céanna sin.

Iriseoirí agus páipéir a mbaineann éirí in airde leo – agus tá a fhios ag an saol go raibh agus go bhfuil cuid mhaith acu sin in Éirinn agus go deimhin in Fleet Street – is scéalta tromchúiseacha amháin is suim leo. Gach seans go mbíonn tábhacht níos mó leis na scéalta seo san fhadtéarma ná mar a bhíonn le béadán agus cúlchaint ach is mion minic nach iad atá i mbéal an phobail féin.

Mar shampla, dhiúltaigh céadeagarthóir *Independent* Shasana, Andreas Whittam Smith, scéalta faoin Teaghlach Ríoga a fhoilsiú ar chor ar bith sa pháipéar ceannródaíoch sin. Ba é an argóint a bhí aige ná nach raibh aon tábhacht i ndáiríre ag baint leis an teaghlach mífheidhmiúil seo níos mó – agus seans maith go raibh an ceart ar fad aige.

Ach ní hin le rá nár spéis le daoine iad, fiú amháin léitheoirí suasógacha an *Indy*. Thar rud ar bith eile, tuigeann eagarthóirí maithe na dtáblóideach an bunphrionsabal sin. Tuigeann siad a gcuid léitheoirí agus déanann siad freastal, gan náire ar bith, ar a mianta siúd. (Is bunphrionsabal táblóideach é seo go deimhin a chleacht mise mé féin na blianta roimhe sin, más i ngan fhios dom féin é, nuair a d'fhoilsínn scéalta as Cúirt Dhoire an Fhéich seachas ráitis faoi chúrsaí na Gaeilge ar an gcéadleathanach de *Amárach*.)

Fir éirimiúla, shofaisticiúla ar go leor bealaí ab ea Brian Hitchen agus Jimmy Sutherland; ní shamhlóinn ceachtar acu ag caitheamh a chuid ama saoire féin ag breathnú ar phictiúir de Madonna ina craiceann. Ach thuig siad go rímhaith céard a thaitníodh le léitheoirí an *Star* – dream nár shuim leo i ndáiríre ach '*tits, bums, roll your own fags and Queen's Park Rangers*', dá mb'fhíor do chéadeagarthóir an pháipéir úd, Derek Jameson.

Eagarthóir ar suim leis na hábhair chéanna is suim lena chuid léitheoirí agus a gcuireann na cúiseanna céanna idir olc agus ríméad air – duine, mar a déarfadh muintir Chonamara, a bhfuil nádúr aige lena chuid léitheoirí – sin sáreagarthóir táblóideach. Ní gach lá a shaolaítear a leithéid, ar ndóigh – ach is rífhurasta iad a aithint ar a gcuid figiúirí díolacháin: laochra móra Phláinéad seo an Táblóideachais ar nós Kelvin McKenzie in *The Sun* agus Paul Dacre sa *Daily Mail*.

Ní hin le rá nach bhfoilsítear scéalta tromchúiseacha i bpáipéir tháblóideacha. Foilsítear, go mion is go minic. Ach tuigeann an lucht eagarthóireachta chomh maith go bhfuil dualgas orthu na scéalta seo a dhéanamh tarraingteach, soléite agus iad a chur in oiriúint do dhuine nach suim leis nó léi iad go minic. Tá gá le gontacht, tá gá le greann in amanna, agus tá gá ach go háirithe le paisean i gcónaí. Ní hamháin go dtuigeann eagarthóirí táblóideacha a gcuid léitheoirí ach taobhaíonn siad leo freisin.

Anuas air sin uile, tuigeann siad (rud nár thuig Andreas Whittam Smith agus nach dtuigeann go leor eile go dtí an lá atá inniu ann!) go gcaithfidh idir shúgradh agus dáiríre a bheith in aon nuachtán mór-ráchairte. Tá áit ann i gcónaí don chor is nua in Uzbekistan; ach bíodh áit ann freisin do Madonna nó do Beyoncé nó do cibé mór-réalta atá i mbéal an phobail faoi láthair. Is é sin má tá tú ag iarraidh do chuid léitheoirí a choinneáil. Chuir Dacre go neamhbhalbh é in óráid a thug sé in 2008: *'If mass-circulation newspapers, which also devote considerable space to reporting and analysis of public affairs, don't have the freedom to write about scandal, I doubt whether they will retain their mass circulations – with obvious and worrying implications for the democratic process.'*

Ach tá tréith níos bunúsaí fós – tréith ar deacair go minic do lámh a leagan air ach arb é an chúis is mó é, i mo thuairimse, a bhfuil tábhacht faoi leith ag páipéir tháblóideacha ó thaobh shaoirse an phreasa de agus ó thaobh an daonlathais i gcoitinne de. Is é sin le rá nach ngéillimid do dhuine ná d'údarás ar bith, nach mbímid riamh ag sodar i ndiaidh na n-uaisle.

Is fearr linn cáineadh a dhéanamh seachas moladh, conspóid a tharraingt seachas síocháin a scaipeadh. Is cineál ainrialaithe muid – agus is maith ann muid dá bharr, in ainneoin an droch-chlú a tharraingímid orainn féin ó am go ham agus in ainneoin go dtéimid thar fóir in amanna. Ach sin a bhí i ndán don iriseoir riamh. Mar a dúirt an fealsúnaí polaitíochta Francach Alexis De Tocqueville chomh fada siar le 1835 (leagan Béarla, *Democracy in America*, 1836): *'In order to enjoy the inestimable benefits that the liberty of the press ensures, it is necessary to submit to the inevitable evils it creates.'*

Agus ní mar sin, faraor, a bhí cúrsaí sa tír seo sular tháinig na táblóidigh chun cinn. A mhalairt ar fad – agus is agamsa atá a fhios sin. B'fhéidir nach ndearna iriseoirí sna seanlaethanta sin aon díobháil ach diabhal mórán leasa a rinne siad ach an oiread. Mar a dúirt iar-eagarthóir an *Irish Times*, Conor Brady, ina dhírbheathaisnéis, *Up With The Times* (2005) b'ionann nuachtáin thraidisiúnta na hÉireann agus *'little more than polite gazettes of daily life in a strictly-ordered, socially-stratified, homogenous and conformist society'.*

Ba ag cogar mogar leis na húdaráis, idir chléir agus tuatha, a bhímis go rómhinic – agus a rian sin le feiceáil ní hamháin ag an gcineál nuachtán leamh, umhal a chuireamar amach sna 1950idí agus sna 1960idí ach ar an gcineál sochaí a bhí againn freisin.

Ba thábhachtaí do thuairisceoirí agus d'fho-eagarthóirí an *Indo* sna 1970idí a chinntiú gur tugadh an teideal ceart do sheansagart paróiste éigin thíos faoin tír ná dul i ngleic le líomhaintí go mbíodh sé ag déanamh éignithe ar lucht freastail an Aifrinn.

Agus maidir le scagadh: bhíodh sé de nós ag an Ard-Easpag John Charles McQuaid, nuair a bhíodh forógra tábhachtach le déanamh aige, cóip dá sheanmóir nó aitheasc a sheoladh chuig an *Indo* agus nóta beag pearsanta, lámhscríofa istigh leis: *'Please use in full or not at all.'* Ní gá a rá go bhfoilsítí chuile fhocal!

Cara mór liom ab ea Michael O'Toole, nach maireann, a chaith na blianta ar bhinse nuachta an *Evening Press* agus mar chomharba ar Terry O'Sullivan i mbun dialann an pháipéir úd. Is fiú an méid seo a bhí le rá aigesan ina dhírbheathaisnéis féin, *More Kicks Than Pence* (1992), faoi nuachtáin na linne sin, a léamh inniu:

> *Above all, they observed the rules of that special Geneva convention of Irish public life which declares: thou shall not queer the pitch. Like Mark Twain, they would have liked nothing better than to blow the gaff on the whole world – except that they were acutely aware of the perils of so doing. They were not so much paper tigers as tissue-paper tigers.*

Bhí an láncheart aige.

Tráthnónta go luath sna 1980idí, tar éis dom an lá a chaitheamh ag cnagadh ar dhoirse don *Herald*, is minic a chuirtí mé chuig cruinniú de shean-Chomhairle Contae Bhaile Átha Cliath. Arís agus arís eile, d'fheicinn comhairleoirí ag vótáil glan in aghaidh moltaí a gcuid feidhmeannach pleanála agus i bhfabhar athaicmiú paiste mhóir talún a dhéanfadh milliúnaí thar oíche de chneámhaire éigin. D'fheicinn Frank Dunlop ag breathnú anuas orthu ón ngailearaí poiblí agus cosúlacht an chait a d'ól an bainne air. Tí Conway i Sráid Parnell i ndiaidh an chruinnithe, cosúil le mo chuid chomhghleacaithe eile, chloisinn scéalta faoi chlúdaigh litreach dhonna.

Ach faic na ngrást ní dhéanainn faoi – ná aon tuairisceoir eile ach an oiread. Ní raibh suim ag eagarthóirí na linne ann; níorbh fhiú an tairbhe an trioblóid. Bhíodh tuairim mhaith againn mar iriseoirí freisin go mbíodh, ní hamháin brúidiúlacht, ach mí-úsáid ghnéasach coitianta in institiúidí ar nós Ard Aidhin agus Leitir Fraic; ach, arís, ní dhéanaimis aon cheo faoi.

Níorbh aon rún é ach an oiread go raibh an tAthair Michael Cleary ina chónaí go hoscailte le bean agus mac s'acusan i gCrois Araild. Ach ní raibh éinne againne ag dul an rún a scaoileadh; nár scríobh an sagart uasal céanna colún creidimh don *Sunday Independent*?

Agus bhí a fhios againn ar fad, ar ndóigh, nach ag plé cúrsaí i Uganda a bhíodh Terry Keane agus Charlie Haughey nuair a chastaí ar a chéile iad thuas staighre sa Coq Hardi i mBóthar Pheambróg – nár dhuine dínn féin í an Cathánach! Ach, arís, ní chuimhneodh aon duine againn scéal a dhéanamh faoi.

Ní hin le rá nach raibh éileamh ar an gcineál seo scéil. Ach b'éigean do léitheoirí na tíre seo dul i muinín pháipéir Shasana chun a leithéid a fháil.

Tá sé curtha go paiteanta ag John 'Jumbo' Kierans, comhbhádóir liomsa ar an *Star* a fuair post ina dhiaidh sin mar eagarthóir ar an *Irish Daily Mirror*, ina dhírbheathaisnéis féin *Stop The Press* (2009):

> *The* Sunday People, *the* News of the World *and the* Sunday Express *were a must for the people of Ireland in the repressive years of the late Sixties, in a society where sex was taboo, contraception was banned, living in sin abhorred and children born out of wedlock treated as bastards. The country was crying out for its own down-market rag with Irish girls in bikinis on page one, randy priests replacing dirty*

three-in-a-bed vicars and home-grown stars of the showband era like Dickie Rock and Joe Dolan spilling the beans on their fame and fortune.

In 1973, tháinig an *home-grown rag* sin ar an saol – an *Sunday World*. Bhí an-éileamh air ón tús. Ach, cé go mbíodh bean Éireannach i mbicíní ar an gcéad leathanach, ceart go leor, ní fhacthas tásc ná tuairisc ar aon sagart dána ar an leathanach sin nó ar na leathanaigh taobh istigh go ceann cúig bliana déag ar a laghad!. Agus, cé go mbíodh neart scéalta ann faoi Dickie Rock, Joe Dolan agus a macasamhail, is beag an baol go mbeadh aon tagairt don pháiste a saolaíodh do Dickie taobh amuigh dá phósadh ná go deimhin don dlúthchara fireann a roinn teach le Joe le tríocha bliain.

Is le lainseáil an *Irish Daily Star* i Márta, 1988, a briseadh an seanmhúnla seo den chéad uair – agus ní le teann gaisce atáim á rá sin, mar ní raibh baint ná páirt agam leis go ceann ceithre bliana ina dhiaidh sin. Ach ó shin i leith, cuireadh scéalta den chineál seo san áit ba cheart dóibh a bheith ar aon chlár oibre nuachta – ar bharr an liosta.

Ní hamháin gur seoladh eagrán Éireannach den pháipéar, ach tugadh dearcadh teanntásach Fleet Street go hÉirinn den chéad uair; agus níor bhreathnaíomar siar ó shin. Níorbh fhada gur thosaigh *The Sun* agus an *Mirror* eagráin lán-Éireannacha dá gcuid páipéar féin – iad ar fad ag treabhadh goirt úrnua ó thaobh an táblóideachais de. Tháinig na scéalta clasaiceacha tábloideacha go tiubh agus go tréan anois – Chris de Burgh agus an cailín freastail (An *Lady in Bed*, ar ndóigh), an tAthair Michael Cleary agus a theaghlach neamhghnách agus tuilleadh nach iad.

Margadh tarraingteach a bhí ann dá leithéid – an Tíogar Ceilteach ar tí dúiseachta, pobal óg agus méadú ag teacht air, an *Irish Press* bocht ar leaba a bháis. Bhí a chruthúnas sin le sonrú ar na figiúirí: In 1991, ní raibh ach sciar de 27 faoin gcéad den mhargadh laethúil ag táblóidigh. Faoi 2001, bhí an céatadán sin méadaithe go dtí 46 faoin gcéad.

Ní hamháin, ar ndóigh, gur tháinig athrú bunúsach ar thionscal na nuachtán i ndeireadh na 1980idí; bhí athruithe bunúsacha socheolaíocha ag tarlú taca an ama seo – agus go háirithe i meon agus i ndearcadh mhuintir na hÉireann i leith chliarlathas na hEaglaise agus an Stáit. Den chéad uair, thosaíomar á gceistiú; níor ghlacamar le chuile shórt a dúradh linn amhail is go raibh sé greanta i gcloch. Agus ní ag déanamh gaisce an uair seo atá mé nuair a deirim go raibh iriseoirí táblóideacha – agus mise mar dhuine acu – i lár an aonaigh ar feadh an achair seo. Ní gan dua a tharla sé seo agus ní go bog a ghlac cuid den bhunaíocht, idir chléir agus tuath, leis na hathruithe seo.

In 1992 tarraingíodh os comhair an Bhreithimh Rory O'Hanlon mé – agus é curtha i mo leith go raibh mé ag iarraidh cearta bunreachtúla príobháideachais shaoránaigh eile a shárú. Ba í seo an chéad uair a tháinig cás mar seo os comhair cúirte in Éirinn. An tuairisc a theastaigh uaimse mar eagarthóir a fhoilsiú sa *Star* – scéal faoi bhean phósta a raibh caidreamh collaí aici le sagart a bhí i gceist – is ar éigean a thabharfaí paragraf suarach ar leathanach taobh istigh dó fiche bliain ina dhiaidh sin. Ach bhí cúrsaí éagsúil go maith i dtús na 1990idí. Cuimhnigh nár tháinig scéal an Easpaig Casey chun solais go dtí 1992 ach oiread, gan trácht ar na scannail eaglasta eile a bhí fós le teacht.

Shíl mé cinnte gur bheag an seans a bheadh agam leis an mBreitheamh O'Hanlon, Caitliceach go smior, a thóg seasamh láidir poiblí ina dhiaidh sin in aghaidh an cholscartha agus an ghinmhillte. A mhalairt ar fad a bhí fíor.

I mbreithiúnas stairiúil, sheas sé go daingean taobh thiar díom agus dúirt go raibh lánchead agam an scéal a fhoilsiú, in ainneoin nach dtaitneodh a leithéid le go leor. Dúirt sé nár cheart do na cúirteanna a ladar a chur isteach i gcásanna den chineál seo ach amháin i gcásanna eisceachtúla. Dúirt sé go raibh lánchead ag páipéir ar nós an *Star* scéalta a fhoilsiú fiú murar shuim lena leithéid féin iad. Ach, níos tábhachtaí fós, ní hamháin ó thaobh an táblóideachais ach ó thaobh an daonlathais de, dúirt sé go raibh an ceart um shaoirse cainte chomh tábhachtach céanna faoi Bhunreacht na hÉireann is a bhí cearta príobháideachais an duine aonair.

Tír ar bith eile ina bhfuil dlí príobháideachais i bhfeidhm, ní ar mhaithe leis an ngnáthdhuine a bhaintear úsáid as den chuid is mó ach ar mhaithe le boic mhóra a bhfuil rúin le ceilt acu. Sa Fhrainc, mar shampla, tá cuid de na dlíthe is láidre den chineál seo ar domhan i bhfeidhm agus is liosta le háireamh na scannail mhóra pholaitíochta a coinníodh faoi rún leis na blianta fada dá mbarr. (Ní trí thimpiste ach an oiread a tharlaíonn sé nach bhfuil traidisiún láidir táblóideachais sa Fhrainc.)

In Éirinn, ní hamháin go bhfuil Comhairle an Phreasa ann anois ach tá cosaint sách láidir ag an ngnáthshaoránach, má theastaíonn sí uaidh, faoin mBunreacht agus faoin gCoinbhinsiún Eorpach um Chearta an Duine – mar a fuair mé féin amach in 2008, mar a tharlaíonn sé, nuair a tógadh cás eile i mo choinne.

Ar an drochuair, scéal eile faoi bhean phósta agus sagart a bhí foilsithe agam an uair seo (in *Ireland on Sunday*). Ba é an difríocht a bhí ann sa chás seo, go raibh taifead déanta ag fear céile na mná de ghlaonna gutháin te teolaí idir a bhean agus an sagart agus d'fhoilsigh mé iad sin. Tugadh damáistí móra don bhean – agus iad tuillte aici. Chuaigh mé thar fóir agus b'éigean dom íoc go daor as.

Thar na blianta, is iomaí scéal táblóideach a d'fhoilsigh mé sa *Star*, san *Evening Herald*, in *Ireland on Sunday* agus sa *Mail*: scéalta béadáin agus cúlchainte, scéalta nach bhféadfaí a rá ina dtaobh, b'fhéidir, gur chun leas an phobail iad ach gur cinnte gur chuir an pobal suim iontu. Ach d'fhoilsigh mé neart scéalta eile freisin – scéalta faoin gcur i gcéill a bhí ar siúl ag cneámhairí ar nós Charlie Haughey agus Bertie Ahern, mar shampla – nach mbeadh ar mo chumas a fhoilsiú agus nach bhfaigheadh pobal léitheoireachta leath chomh leathan murach an béadán agus an chúlchaint a chuaigh lámh ar láimh leo. Mar a dúirt Albert Camus sa bhailiúchán aistí *Resistance, rebellion, and death* (leagan Béarla 1960): *'A free press can, of course, be good or bad, but, most certainly without freedom, the press will never be anything but bad.'*

Is cuid riachtanach den phreas saor sin an táblóideachas, agus is cuid riachtanach den táblóideachas, mar a d'fhoghlaim mé an mhaidin sin in 1992 agus mé ag breathnú ar Madonna ina craiceann, an cur chuige táblóideach; gura fada buan é.

Ón dá thaobh den chlaí

Seán Ó Cuirreáin

Tá cuimhne mhaith agam ar an maidin a ndeachaigh sé i bhfeidhm go críochnúil orm nach gá gurbh é leas an phobail i gcoitinne a bhíonn ar bharr an chlár oibre ag iriseoirí i gcónaí agus go dtarlaíonn sé ó am go chéile gur ag tochas ar a gceirtlín féin a bhíonn tuairisceoirí.

Bhí mé ag éisteacht le nuacht luath na maidine ag 6.30 a.m. ar RTÉ Radio 1 agus mé ag tiomáint siar go Casla le dul i mbun mo sheal oibre mar léiritheoir ar *Adhmhaidin* ar Raidió na Gaeltachta ag tráth sula raibh an tseirbhís Gaeltachta fáiscthe ag RTÉ lena ainm agus lena bhranda.

Maidin bhreá a bhí inti ach thug mé suntas do thuar na haimsire: bheadh báisteach san Iarthar ar ball. D'imigh sin as m'intinn fad is a bhí mé gnóthach ag ullmhú do chraoladh an lae sin ach tháinig sé ar ais i mo chuimhne nuair a chuala mé tuar na haimsire i ndeireadh na chéad nuachta ar *Adhmhaidin* thart ar 8.10 a.m.: bheadh an lá go breá agus ní raibh aon tagairt ar bith do bháisteach san Iarthar.

Tharraing mé an scéal anuas leis an iriseoir a bhí i mbun na gné sin d'obair na maidine – bean lách Gaeltachta – agus mé ag déanamh iontais den athrú tobann a bhí tagtha ar thuar na haimsire. Tháinig meangadh beag gáire a bhí leathbhealach idir náire agus diabhlaíocht uirthi agus d'inis sí an scéal dom.

Bhí sí féin agus a fear céile ag athchóiriú an tí agus bhí siad réidh ag an tráth sin don obair phlástrála a bhí le déanamh ar an taobh amuigh. Bhí sé socraithe acu go dtiocfadh fear ceirde ón gceantar chucu an lá sin le tús a chur leis an obair. Éisteoir dílis de chuid Raidió na Gaeltachta a bhí san fhear seo agus ar nós aon fhear ceirde maith ní rachadh sé i mbun plástrála taobh amuigh ar lá a mbeadh báisteach geallta. Bhí réiteach simplí ar an scéal sin agus é i lámha an iriseora féin – leasú beag a dhéanamh, i ngan fhios, ar thuar na haimsire agus an tagairt don bháisteach a fhágáil ar lár! Mhaolaigh sin a himní go gcuirfí obair cheirde an lae ar ceal agus ní bheadh duine ar bith thíos leis.

'Céard faoi iascaire a bheadh ag tarraingt ar Ros an Mhil agus é ag brath ar thuar na haimsire céanna sin le dul ar an bhfarraige don lá?' a d'fhiafraigh mé féin di. Cé nár chuimhnigh sí mar sin air roimhe sin ba léir gur thuig sí ansin go bhféadfadh dhá thaobh a bheith ar an scéal sin agus thuig mise gur ar mhaithe leis féin a bhíonn an caitín ag crónán anois is arís fiú i saol na hiriseoireachta a bhfuil neamhchlaontacht luaite mar luach leis!

Chaith mé breis agus scór bliain ag plé le ceird na hiriseoireachta. Trí Ghaeilge le Raidió na Gaeltachta a rinne mé formhór na hoibre sin ach d'oibrigh mé i réimse na teilifíse agus na meán clóite freisin agus, anois agus arís, trí Bhéarla chomh maith leis an bpríomhtheanga oifigiúil. Dá thoradh sin bheadh tuiscint éigin agam ar rúin na meán agus ar na nósanna agus na cleachtais sa ghairm ársa sin.

Bhí sé d'ádh orm tuiscintí úrnua a fháil ar an saol sin ón uair a ceapadh mar Choimisinéir Teanga mé sa bhliain 2004. Ó shin i leith feicim na meáin chumarsáide níos minice trí shúile an té a bhíonn faoi agallamh seachas an té a bhíonn i mbun an cheistiúcháin. Ní raibh mé i bhfad sa phost nua sin nuair a léiríodh an difríocht idir an dá chúram go soiléir dom.

An craoltóir aitheanta Matt Cooper a bhí ag cur agallaimh orm trí Bhéarla ar a chlár raidió *The Last Word* ar Today FM. Múineadh na Gaeilge i gcóras oideachas na tíre a bhí á phlé agus bhí an díospóireacht teasaí go maith le cruacheisteanna ag teacht, ceann i ndiaidh an chinn eile, ón gcraoltóir. Rinne mé mo dhícheall leis na freagraí ach bí cinnte go raibh mé sásta nuair a bhí an t-am caite agus an t-agallamh beo críochnaithe. Ní raibh an slán féin fágtha ag Matt Cooper liom nuair a fuair mé téacs ó fhear aitheanta i saol na Gaeilge agus na Gaeltachta a bhíodh faoi agallamh go tráthrialta agam féin ar Raidió na Gaeltachta roimhe sin: 'Níl sé chomh furasta ar an taobh s'againne den chlaí, an bhfuil?' a d'fhiafraigh sé.

Is minic a rith an cheist chéanna liom ó shin. An bhfuil sé níos fusa a bheith i d'iriseoir ag cumadh agus ag cur na gceisteanna nó a bheith ar an taobh eile á bhfreagairt? I ndeireadh an lae feictear dom go bhfuil sé furasta go leor ceisteanna a chur ach an rud atá an-deacair go deo le déanamh na ceisteanna cearta a chur go foirfe. Is í an cheist thomhaiste atá crua, ach ag an am céanna cothrom, an teist is fearr ar scil an iriseora, dar liom. Ar ndóigh, ní hionann a bheith crua agus a bheith mímhúinte nó cantalach agus is cuid lárnach agus fíorthábhachtach den chothromóid a bheith cóir freisin.

Luath go maith ar chúrsa traenála d'iriseoirí in RTÉ is cuimhin liom léachtóir a bheith ag míniú dúinn gur chreid sé gur comhcheilg idir iriseoir agus aoi atá i bhformhór gach agallamh agus sílim anois go bhfuil cuid mhaith den fhírinne sa ráiteas sin. Bíonn tuairim an-mhaith ag an iriseoir ar dhearcadh an aoi agus beidh scóip agus scála na gceisteanna tomhaiste agus meáite go cúramach ag an aoi roimh ré. Is é a bhíonn san agallamh ansin ná deis don aoi a chuid eolais agus a dhearcadh a chur i láthair an phobail ar bhealach intuigthe, soiléir – an scéal a insint ar bhealach tomhaiste, tuisceanach.

Ní ar an gcúrsa oifigiúil traenála ag RTÉ d'iriseoirí óga amháin a bhí ceachtanna le foghlaim faoi shaol na cumarsáide. Is cosúil go raibh craoltóir cáiliúil i saol na Gaeilge, nach maireann anois, a mheas gurbh é an ceacht ba luachmhaire a bhí le foghlaim againne mar ghlúin nua i mbun na ceirde ná cén bealach ab fhearr le foirm a líonadh leis an mbrabach ba mhó a bhaint as costais taistil agus cothabhála agus gur thábhachtaí do Cheardchumann na nIriseoirí, an NUJ, dul i mbun na hoiliúna sin ná aon chaint faoi chúrsaí eitice nó faoi bhunphrionsabail na hiriseoireachta. Deirtear gur luaigh sé tráth, sampla praiticiúil amháin de bhealach éifeachtach leis an míleáiste a mhéadú agus an sparán a líonadh: dá gcuirfí iriseoir raidió ó Dhomhnach Broc go Corca Dhuibhne le hagallamh a dhéanamh le cainteoir dúchais ansin gur cheart don duine sin nuair a bhí an t-agallamh taifeadta féachaint timpeall agus ceist shimplí a chur: 'An bhfuil duine ar bith as Gaeltacht Thír Chonaill sa cheantar seo?'.

An ceacht ba mhó a d'fhoghlaimíomar ag an am ná gur cuid riachtanach de cheird na hiriseoireachta é a bheith amhrasach agus nár cheart faitíos a bheith orainn an cheist chrua a chur. *'Questions answered, answers questioned,'* an mana a bhíodh ag nuachtán amháin tráth den saol agus feictear dom nach drochfhealsúnacht a bhí ansin don ghairm i gcoitinne.

Thuig mé riamh nach féidir le haon iriseoir saineolas a bheith aige nó aici ar gach gné agus réimse den saol a thiocfadh os a gcomhair le linn gnáthsheal oibre. Tá na paraiméadair róleathan agus lasmuigh de réimse smachta an iriseora féin. Ní féidir a bheith i do shaineolaí, abair, ar na hargóintí caolchúiseacha faoi chúrsaí creidimh, eacnamaíocht na mbanc, an pholaitíocht dhomhanda, an dlí coiriúil nó na scórtha ábhar eile a d'fhéadfadh a bheith ar an gclár oibre nuachta in imeacht lae.

Cén bealach ar féidir le hiriseoir ullmhú le déileáil leis an réimse leathan sin? Feictear dom féin gur anseo is gléine a léirítear na difríochtaí idir an cur chuige a bhíonn ag an iriseoir maith agus an té atá leisciúil nó gur róchuma leis nó léi a gceird nó a bpobal.

Measaim féin go bhfuil an Gaillmheach, Sean O'Rourke – ar bhronn Ollscoil na hÉireann, Gaillimh céim oinigh dochtúireachta air cúpla bliain ó shin mar aitheantas ar a shaothar sna meáin chumarsáide – ar dhuine de na hiriseoirí is mó a bhfuil meas air sa tír seo faoi láthair. Ní hamháin go bhfuil an meas sin air ag an bpobal i gcoitinne ach tá ómós dá réir ag iriseoirí eile dó freisin. Tá a cháil i bhfad agus i ngearr mar láithreoir ar RTE Raidió 1 mar dhuine a bhíonn crua ach cothrom i mbun ceistiúcháin is cuma uasal nó íseal a bheith faoi agallamh aige.

D'iarr mé air tráth agus mé i mo leascheannaire ar Raidió na Gaeltachta teacht chun cainte linn ag seimineár traenála foirne le cuid de na rúin a bhí aige a nochtadh dúinn. Cuimhním fós ar shampla simplí a thug sé le léargas a thabhairt ar an ullmhúchán a rinne sé nuair a tháinig ábhar chun cinn nach raibh saineolas ar leith aige air nó suim speisialta ar bith aige ann. Más buan mo chuimhne, is polasaí nua d'fhorbairt bhóithre na tíre a bhí fógartha ag Aire Iompair na linne a bhí i gceist. Bheadh an tAire le cur faoi agallamh aige beo sa stiúideo raidió ag am lóin. Léigh sé an preasráiteas a bhí eisithe leis an scéal a mhíniú ach, mar a bhíonn go rómhinic i gcásanna den chineál sin, bhí 'casadh' dearfach ar an eolas a cuireadh i láthair agus an spotsolas dírithe ar chlisteacht agus ar sheiftiúlacht an pholasaí nua agus ar ardchumas an Aire.

Smaoinigh sé ar feadh nóiméid ar an duine is mó a raibh amhras léirithe acu roimhe sin faoi pholasaí bóithre an Rialtais – léachtóir le heacnamaíocht in institiúid oideachais tríú leibhéal, measaim. Ghlaoigh sé ar an léachtóir agus chuir sé ceist shimplí air: 'Dá mbeadh deis agat labhairt leis an Aire faoin bpolasaí nua seo céard iad na croícheisteanna a chuirfeá air?' In imeacht cúpla nóiméad thuig sé na laigí agus na lochtanna a bhí ar an bpolasaí nua agus bhí deis aige an tAire a cheistiú go géar, go cothrom ach go crua ina dhiaidh sin. 'Taighde' a thugtar air sin agus is léir nach gciallaíonn sé go gcaithfidh duine uaireanta fada a chaitheamh ag cuardach trí imleabhair thagartha nó trí ríomhairí. Ní theastaíonn ach an mhacántacht le hadmháil nach saineolaí sa réimse thú agus an tuiscint go gcabhróidh glaoch gairid teileafóin le deis baothbholscaireacht a athrú go hócáid iriseoireachta seirbhíse poiblí le ceisteanna freagartha agus freagraí ceistithe.

Cad a dhéanfadh an t-iriseoir lag nó leisciúil sa chás céanna? An preasráiteas a léamh agus cúpla ceist a chur le chéile a thabharfadh deis don Aire a shoiscéal aontaobhach a chur i láthair le fonn agus le fuinneamh. Bheadh an scéal níos measa fós dá leanfadh an t-iriseoir de shraith ceisteanna réamhshocraithe beag beann ar éirim na bhfreagraí – scil ann féin í an éisteacht i ngairm na cumarsáide. Sin é an cineál agallaimh is mó a chuirfeadh lagmhisneach orm féin agus ar fhormhór an phobail, déarfainn.

Feictear dom, áfach, gur ceart agus gur gá a bheith cúramach i mbun an taighde agus gan dul thar fóir nó i bhfad scéil leis. Ní agallamh é comhrá domhain, saindiamhair, intleachtach idir iriseoir agus saineolaí a léiríonn clisteacht, eagnaíocht nó caolchúis na beirte ach a fhágann an pobal ar leataobh ar an imeall, dall ar bhunús an ábhair.

Tá tréith eile iriseoireachta a thagann chun cinn ó am go chéile a chuireann ísle brí orm – nuair a chuireann iriseoir sraith iomlán ceisteanna difriúla le chéile, rud a thugann cead don aoi an ceann is simplí acu a fhreagairt agus neamhaird a dhéanamh de na cinn eile. 'An bhfuil tú sásta leis an bpolasaí nua seo – an síleann tú go mbeidh glacadh ag an bpobal leis – agus an mbeidh dea-thoradh air in imeacht ama?' Ritheann sé liom i gcónaí más fiú ceist a chur gur fiú í a chur aisti féin agus freagra a lorg.

Ach má tá nósanna agus cleachtais áirithe le sonrú i measc iriseoirí, is minic a chloistear an chleasaíocht chliste a mhúintear i gceardlanna cumarsáide ag aíonna áirithe a bhíonn faoi agallamh sna meáin chumarsáide, go háirithe i measc aíonna 'gairmiúla' ó shaol na polaitíochta agus eile. Aithneoidh tú láithreach iad ar chláir raidió agus teilifíse.

An cleas is coitianta ná neamhaird iomlán a dhéanamh den cheist a chuirtear agus a dteachtaireacht féin a thabhairt beag beann ar a bhfuil ráite ag an iriseoir. 'Ba mhaith liom comhthéacs agus cúlra an scéil a mhíniú le nach mbeidh aon amhras faoi ...' nó 'Is í an fhíorcheist anseo ná ...' ; sin dhá shampla choitianta den bhealach a mbaineann aíonna 'gairmiúla' an dochar as ceist, dí-armáil a dhéanamh uirthi agus ceist úrnua a chur orthu féin le freagairt ar a mbealach réamhullmhaithe féin. Nuair a dhéantar go cliste é is minic nach dtugtar faoi deara é agus is annamh a éiríonn le hiriseoirí, fiú na daoine is éifeachtaí agus is géarchúisí sa ghairm, an chleasaíocht sin a stopadh agus an clár oibre a tharraingt ar ais faoina smacht féin ar mhaithe leis an bpobal.

An bhfuil sé riachtanach go mbeadh iriseoir neamhchlaonta i mbun a gceirde agus an ionann sin agus a bheith neodrach? Tá mé féin go mór in amhras gur féidir le duine daonna a bheith neamhchlaonta nó neodrach i ndáiríre ach go n-iompraíonn muid ar fad ár dtaithí saoil mar bhagáiste linn. Sin a thugann luachanna agus compás morálta dúinn. B'fhearr liom go mór saothar an iriseora nach miste leis nó léi a léiriú go soiléir cén taobh d'argóint ar a bhfuil siad ná an duine a mhaíonn go bhfuil siad iomlán neodrach. Is cuma an aontaíonn tú nó an easaontaíonn tú leis an dearcadh atá acu fad is gur féidir leat a gcuid oibre a mheas agus tú láneolach ar an lionsa trína mbreathnaíonn siad ar an saol. Coinnigh uaim, áfach, na daoine sin a bhfuil dearcadh agus dílseacht shoiléir acu ar thaobh amháin d'argóint ach a dhéanann iarracht a chur i gcéill go bhfuil intinn oscailte, leathanaigeanta acu. An t-aon rud is measa ná sin ná píobaire an aon phoirt nach féidir leis an t-ábhar nó a intinn a athrú! Rachaidh an duine sin as a bhealach le cruthú gur féidir gach olc a ríomh ar ais chuig cúis an fhuatha aige féin – páirtí polaitíochta (Sinn Féin, Fianna Fáil, An Páirtí Daonlathach tráth den saol), an tseirbhís phoiblí i gcoitinne, inimircigh, an Ghaeilge, na ceardchumainn, lucht an rachmais, etc.

Is cinnte nach bréag ar bith é don té a bhíonn ag faire go géar ar shaol na cumarsáide go bhfeicfidh siad an chlaontacht. Luath go leor dom sa ghairm sin chonaic mé an bealach ba shimplí ag iriseoirí áirithe déileáil le scéal nár luigh go compordach lena ndearcadh saoil nó lena luachanna féin – neamhaird a dhéanamh de agus ocsaigin na poiblíochta a shéanadh air. Dhéanfaí sin ar an mbunús nach raibh tábhacht leis, nár spéis le haon duine é, nó gur sheanscéal é! Eisceachtaí iad na daoine sin ach is ann dóibh.

Os a choinne sin, chonaic mé daoine eile nár stop a bheith ag tochailt de shíor agus ag lorg na fírinne agus na bhfíricí. Is cuimhin liom Aire Rialtais a raibh aithne áirithe agam air scór bliain ó shin ag rá gur chreid sé nach raibh iriseoirí ar an eolas faoi 80 faoin gcéad den ábhar a bhíodh á phlé nó á bheartú ag leibhéal ceannais an Stáit, ag bord an Rialtais nó i gcúlseomraí cumhachta na comh-aireachta. Mheas mé an uair sin gur áibhéil agus seafóid a bhí sa chaint sin agus go raibh ár gcuid foinsí againn mar iriseoirí a choinneodh ar an eolas muid faoi na beartais agus na pleananna a bhí á gceapadh faoi rún. Ag breathnú siar anois ar an dtuairim sin ón taobh eile den chlaí feictear dom nach raibh tuairim an Aire leath chomh mór as marc ar chor ar bith agus a cheap mé an uair sin.

Tugaim faoi deara anois an éadoimhneacht atá ag fás le tamall de bhlianta anuas, i saol na nuachta teilifíse go háirithe, agus an róbhéim a chuirtear ar shimplíocht anois, ar ghiotáin chainte nó gearróga fuaime. In olcas atá sé ag dul agus é fréamhaithe sa teoiric go bhfuil seal suime nó spéise an phobail i gcastacht an tsaoil mhóir ag tanú nó ag laghdú leis. Ach tá amanna ann nach féidir caolchúis iomlán an scéil a chur i láthair mar is ceart i seachtó a cúig soicind. Is cosúil go gcreideann na comhairleoirí cumarsáide is cruthaithí is féidir a cheannach nár cheart go mairfeadh giotán cainte anois níos mó ná deich soicind, thart ar chúig fhocal is fiche do na meáin chraolta agus seacht bhfocal déag do na meáin chlóite. Deirtear go bhfuil dea-scríbhneoireacht agus teachtaireacht shoiléir riachtanach don chúram seo ach feictear dom féin gur géilleadh atá ann don chumarsáid éadomhain sin atá bunaithe ar mhíthuiscint ar chumas, ar thuiscint agus ar spéis an phobail. Os a choinne sin, mairfidh i gcuimhne na ndaoine na giotáin ghlice sin a tháinig ó leithéidí John F .Kennedy ar ócáid a insealbhaithe mar Uachtarán ar Mheiriceá in 1961: *'Ask not what your country can do for you – ask what you can do for your country'* nó Iar-Phríomh-Aire na Breataine, Tony Blair, agus é tagtha go Béal Feirste le bailchríoch a chur le Comhaontú Aoine an Chéasta in 1998: *'A day like today is not a day for sound bites, really. But I feel the hand of history upon our shoulders.'*

De réir mar a d'aistrigh mé ó thaobh amháin den chlaí go dtí an taobh eile le blianta anuas is mó a thosaigh míchruinneas agus botúin fhollasacha i saol na cumarsáide ag cur as dom. Nuair a fheicim féin earráid nó mearbhall ríshoiléir i dtuairisc faoi réimse den saol a gceapfainn go mbeadh eolas réasúnta agam air, ní olc a thagann orm ach amhras. Má tá an chuid sin den tuairisc mícheart cén chúis go bhféadfainn brath ar aon chuid eile de? Agus níos measa fós, má tá an tuairisc sin lochtach agus míchruinn nach bhféadfadh gach tuairisc eile ón bhfoinse chéanna agus a tháinig faoin tsúil eagarthóireachta chéanna a bheith chomh hiomlán earráideach freisin!

Is cuimhin liom go maith glaoch teileafóin a fháil tráthnóna Aoine amháin i ndeireadh mhí an Mhárta 2012 ó iriseoir aitheanta a chaill a phost tamall roimhe sin le dúnadh an nuachtáin Bhéarla lena raibh sé ag obair. Iriseoir cróga, macánta a bhí ann ach bíodh sé fíor nó bréagach, bhí an tuairim ann go raibh dearcadh diúltach nó naimhdeach aige i dtaca le cúrsaí Gaeilge agus Gaeltachta. Ag iarraidh slí mhaireachtála a bhaint amach mar shaoririseoir a bhí sé anois agus é ag díol corrscéala le heagrán Éireannach de nuachtán Domhnaigh de chuid na Breataine a raibh díol maith air sa tír seo. Bhí sé ag smaoineamh ar scéal a thairiscint don nuachtán sin don chéad eagrán eile faoi thuarascáil Bhinse Fiosraithe Mahon a bhí díreach foilsithe ach go mbraithfeadh sin ar an méid a bheadh le rá agam féin leis. Thuig mé go raibh 3,270 leathanach i dTuarascáil an Bhinse Fiosraithe i seacht n-imleabhar éagsúla agus gur toradh é ar shaothar cúig bliana déag ar chostas €250 milliún, ar a laghad. 'Níl leagan Gaeilge ar fáil,' a dúirt sé. 'An nglacann tú leis mar Choimisinéir Teanga go bhfuil sárú ar an dlí ansin agus an bhfuil tú feargach faoi sin?' a d'fhiafraigh sé díom.

Mhínigh mé dó nach raibh aon dualgas reachtúil ann an tuarascáil seo a fhoilsiú i nGaeilge agus gur líon an-teoranta de dhoiciméid oifigiúla a bhí liostáilte le foilsiú go comhuaineach in dhá theanga oifigiúla an stáit. Dúirt mé leis gur miotas amach is amach a bhí ann a bhí curtha chun cinn go minic sna meáin chumarsáide Bhéarla go gcaithfí gach doiciméad oifigiúil de chuid an stáit a fhoilsiú go dátheangach.

'Ach an tAcht Teanga,' a dúirt sé agus frustrachas le brath ar a ghlór, 'nach gcaithfear gach doiciméad den chineál seo a bheith ar fáil i nGaeilge, nach gcaithfidh go bhfuil tú míshásta faoi seo?' Mhínigh mé dó an athuair nach raibh i gceist faoin reachtaíocht seo ach liosta an-teoranta de chroí-fhoilseacháin, go mbeadh costas ollmhór agus moill fhada le doiciméad den fhad seo a aistriú go Gaeilge agus gur beag éileamh a bheadh air.

D'éalaigh osna uaidh nuair a dúirt sé: 'Níl aon scéal ann, mar sin!'. Dúirt mé féin leis go mb'fhéidir nach raibh an scéal ann a shamhlaigh sé ar dtús ach gur léiriú a bhí ann ar mhíchruinneas an mhiotais a bhí scaipthe gur gá gach foilseachán oifigiúil a bheith le soláthar i nGaeilge. 'Hmmm…,' a dúirt sé agus é ag gabháil buíochais liom ach ní fhaca ceartú an mhiotais solas an lae sa nuachtán Domhnaigh sin, go bhfios dom, fós ar aon nós!

Is dócha gur beag ceird eile a ndéantar oiread iniúchadh poiblí agus mionscrúdú grinn uirthi is a dhéantar ar shaothar laethúil an iriseora. Is é nádúr na hoibre go mbeidh sé os comhair an phobail agus faoin spotsolas ar bhealach nach mbíonn i gceist le mórán slite beatha eile. Dá thoradh sin, is furasta méar a dhíriú ar iriseoirí atá míchruinn nó faillitheach nó a bhfuil a gcuid oibre lochtach nó leisciúil. Feictear dom féin gur féidir leis sin a bheith éagórach go maith in amanna agus má tá fócas ar ghnó na gairme caillte go sealadach acu gur ag doras an léiritheora nó an eagarthóra is ceart cuid áirithe den locht sin a leagan. Ar nós gach gairme eile teastaíonn treoir agus tacaíocht ó iriseoirí le go bhfanfaidh siad i mbarr a maitheasa agus le húire agus le géire a choinneáil agus iad i mbun a gceirde. Obair do shaoistí é sin agus iad íoctha dá réir. I ndeireadh an lae, iadsan atá i mbun stiúradh an tráchta agus cé go bhfuil an phroifisiúntacht agus an t-ardchaighdeán le moladh i gcónaí, níor cheart níos mó iontais a dhéanamh d'iriseoir a bheadh beagán scaoilte i mbun cúraimí anois is arís ná mar a dhéanfaí den gharda a ghéilleann don nádúr daonna an saol a thógáil ábhairín níos réidh nuair nach bhfuil an sáirsint ag faire air le súile an tseabhaic.

Tríd is tríd ba dhaoine ionraice, macánta iad formhór mór na n-iriseoirí a casadh orm in imeacht na mblianta, is cuma cén taobh de chlaí na cumarsáide ar a raibh mé. Bhí siad ann, ar ndóigh, a bhí uaillmhianach, tiomanta agus ocrach ar thóir an scéil mhóir. Os a choinne sin, bhí siad ann freisin nach raibh uathu ach na caoirigh a chur thar an abhainn, an jab a dhéanamh go tomhaiste, stuama agus ag an am céanna gan an oiread airde a tharraingt orthu féin is a chuirfeadh ar bhealach ar bith ar aghaidh na bpiléar iad. Bhí an beagán ann a mheas go raibh draíocht fhaiseanta éigin ag baint le gairm na hiriseoireachta a d'fhág go bhfacthas dóibh gur ghné imeallach de shaol na siamsaíochta a bhí ann. Bhí corrdhuine ann a ghéill don dearcadh gur túisce deoch ná scéal, agus scabhaitéir nó dhó a raibh oiread féinspéise ag baint leo gur chuma leo an fhírinne a chur as a riocht le haird a tharraingt orthu féin agus nach ligfeadh do na fíricí teacht sa bhealach ar scéal maith! Ach ba mhionlach iadsan agus b'fhurasta i gcónaí iad a aithint i measc an mhórshlua a raibh an t-ionracas agus an fhírinne neadaithe go domhain ina bhfealsúnacht saoil.

I ndeireadh an lae is gairm uasal í an iriseoireacht má chleachtar go cothrom agus go coinsiasach í. Braithimid ar iriseoir le fírinne an scéil a nochtadh dúinn agus spotsolas a threorú i dtreo na n-áiteanna sin ar mhaith le daoine áirithe go bhfanfadh an dorchadas i réim iontu. Táimid faoi chomaoin ag iriseoirí maithe a oibríonn go dúthrachtach agus go cróga, críochnúil leis an bhfírinne a aimsiú. Cuid lárnach d'aon tsochaí oscailte, dhaonlathach é go mbeadh preas ann a mbeadh sé de cheart aige a bheith iomlán saor leis an obair ríthábhachtach sin a dhéanamh. Ach san áit a bhfuil cearta do shaoirse an phreasa, leanann dualgais agus freagrachtaí freisin. Tá muinín an phobail le saothrú agus le coinneáil ag iriseoirí agus feictear dom gur trí bheith crua agus cothrom is fearr is féidir sin a dhéanamh, is cuma cén taobh den chlaí ar a bhfuil duine.

Tuairiscí ó láthair na cogaíochta

Póilín Ní Chiaráin

'Fágfaidh mé anseo tú,' arsa an fear tacsaí, 'mar nílimse ag dul isteach sa cheantar sin, níl sé sábháilte.' Tráthnóna salach, dorcha a bhí ann. Bhíomar ar chuarbhóthar in iarthar Bhéal Feirste; bhí an solas briste ar an gcosán cúng idir na tithe in aice láimhe. Ar Lóiste na Mónadh a bhí mo thriall, eastát tithíochta ag bun an tSléibhe Dhuibh, áit chorrach ina mbíodh achrann go minic le linn na dTrioblóidí. Ní raibh eolas an bhealaigh agam. Strainséir ab ea mé, tuairisceoir tagtha ó Bhaile Átha Cliath sa tóir ar ábhar do chlár teilifíse.

Chuaigh mé amú san eastát cúpla babhta ach ar deireadh shroich mé teach an té a bhí toilteanach mé a chur in aithne do na daoine ar theastaigh uaim bualadh leo. Faoin am ar tháinig an chuid eile den fhoireann léirithe, cúpla lá ina dhiaidh sin, bhí ábhar an chláir ullamh agus níos tábhachtaí fós, bhí tiománaí/feighlí againn. Duine ab ea an feighlí a bhí in ann sinn a thabhairt, réasúnta sábháilte, chuig gach láthair a bhí riachtanach. B'in 1977 agus bhí iriseoirí strainséartha – *'visiting firemen'* mar a thugtaí orthu – ag brath go mór ar fheighlí eolach. B'amhlaidh an scéal go ceann i bhfad ina dhiaidh sin.

Drochthús ab ea an eachtra leis an bhfear tacsaí ach chuaigh Tuaisceart Éireann i ngreim orm an tseachtain sin. Páirceanna catha ab ea áiteanna ar nós Lóiste na Mónadh agus na geiteonna ar dhá thaobh na deighilte. Chuala mé a scéal ó bhean chroíbhriste ar maraíodh a mac, trí bliana déag d'aois, le piléar plaisteach. Casadh baintreacha ón dá thaobh orm, a saol millte. Bhí bochtanas agus dífhostaíocht forleathan. Bhí tionchar na coimhlinte le braistint gach áit, ar gach aicme agus ar pháistí go háirithe. Bhí idir fhuath agus mhaithiúnas mar cheol cúlra. Agus fós, bhí misneach ar taispeáint d'ainneoin an uafáis.

Ní hé go raibh mé dall ar na Trioblóidí roimhe sin ar ndóigh ach bhí mo thaithí teibí nó acadúil. Ba é seo an chéad uair agam ag éisteacht le gnáthdhaoine gan aon urlabhraí, polaiteoir ná oibrí sóisialta ag léirmhíniú ná i mbun idirghabhála. Chonacthas dom gurbh é cás an Tuaiscirt an scéal ba mhó agus ba chasta ar an oileán seo agus gur dhúshlán dom mar iriseoir níos mó airde a thabhairt air.

Bhog mé go Béal Feirste i mí na Samhna 1980 ag obair do sheirbhís nuachta RTÉ sa Tuaisceart. Bhí daoine i mBaile Átha Cliath ag cur fainic orm go raibh sé róchontúirteach do bhean a bheith ag dul chuig láthair cogaíochta! Mór idir na haimsirí. Liosta le háireamh anois iad na mná atá ag tuairisceoireacht ar chogaíocht ar fud na cruinne, daoine ábalta arbh é an feall a bheith á n-uireasa. Ní raibh Tuaisceart Éireann chomh dainséarach sin d'iriseoirí – fir nó mná – is a bhí coiriúlacht eagraithe in áiteanna nó an chogaíocht sa Bhoisnia nó sa tSiria cuir i gcás. Thairis sin bhí mná ar fhoirne nuachta na gcraoltóirí uile i mBéal Feirste agus ag formhór na bpáipéar.

Athrú mór ar mo shaol pearsanta ab ea é bogadh ó thuaidh agus athrú as cuimse ar mo shaol oibre. Strainséir ab ea mé agus ar bhealaí is strainséir mé fós tar éis breis is scór go leith bliain a chaitheamh ann. Mar sin féin, bhí difríocht mhór idir déileáil le himeachtaí Thuaisceart Éireann mar chuairteoir agus a bheith ag plé leis an obair, go laethúil agus go fadtéarmach mar dhuine a mhair san áit go buan. Fuair mé é sin amach gan mhoill.

Ní raibh mórán dóchais san aer ach ní raibh an réabadh a tharlódh an bhliain dar gcionn á thuar. Bhí iarracht déanta ag tús na bliana sin, 1980, teacht ar shocrú polaitiúil. Saothar in aisce. Mhair an 'coinbhinsean bunreachtúil' ráithe amháin. Rinne an UUP baghcat air chun diminsean Éireannach a chur ó dhoras. Bhí trioblóid ag fiuchadh sna príosúin, go háirithe sna H-Bhlocanna. Ar an lámh eile b'in í an bhliain a chuir an Taoiseach, Charles Haughey (1925–2006), agus Príomh-Aire na Breataine, Margaret Thatcher (1925–2013), ceann leis an idirbheartaíocht Angla-Éireannach as ar eascair Comhaontú Hillsborough in 1985. Bhí laghdú freisin ar líon na ndaoine a maraíodh; seisear is ceithre scór ar fad, an t-iomlán bliantúil ab ísle ó 1970.

Fuair mé taithí ar an bhforéigean go sciobtha. An chéad lá agam ag obair i mBéal Feirste maraíodh fear in ionsaí pléisce i ndeisceart Ard Mhacha. B'in é mo chéad scéal. Oliver Walsh, fear gnó, naoi mbliana is tríocha d'aois ab ea an té a maraíodh. Bhí sé pósta agus seisear clainne aige. Bhí sé ag dul ón Iúr go Crois Mhic Lionnáin nuair a phléasc an tIRA mianach talún ar an mbóthar is é ag dul thar bráid. Fuair mé amach ag an láthair go raibh sreang ceannais ag dul ón mbuama chuig claí thart ar chúig céad slat uaidh. Bhí carr den déanamh céanna ag Oliver Walsh is a bhí ag an RUC agus is cosúil gur cheap lucht an IRA gur phóilín é. Mar a tharla bhíomarna, foireann RTÉ, ag taisteal i gcarr den déanamh agus den dath céanna. Ní chuirfeá aon amhail i rud mar sin nuair a bhí tú gnóthach ach d'fhan an t-eolas ansin ag tochas i gcúl do chinn.

Níor casadh muintir an fhir mhairbh orm ar an ócáid sin. Ach ba mhinic teagmháil idir iriseoirí agus gaolta na marbh agus íobartaigh eile. Ceann de na cleachtais ba ghránna agus ba dheacra le láimhseáil ab ea an nós go ngabhfadh tuairisceoirí chuig teach an té a maraíodh chun ráiteas a iarraidh óna mhuintir chomh maith le grianghraf den duine a cailleadh. Cuireann sé iontas orm go dtí an lá inniu a oiread sin daoine nár ruaig sinn nó nár scaoil amach an gadhar chun sinn a chur ó thairseach. Údar iontais é go mbíodh daoine toilteanach labhairt lenár leithéidí an uair ba mheasa a bhí siad cloíte.

Bhíodh na hiriseoirí de bhunadh na háite nó sinne a raibh cónaí orainn anseo níos tomhaiste ná na cuairteoirí go minic; dhéantaí margadh nach ngabhfadh ach duine amháin chuig an doras agus go roinnfí an t-eolas. Maidir le grianghraf, d'fhágtaí faoi áisíneacht, Pacemaker go hiondúil, an pictiúir a fháil agus a sholáthar do na seirbhísí nuachta.

Is ar ócáidí brónacha den chineál sin a chuala mé cuid den chaint is inspioráidí dar chuala mé riamh. Thuill Gordon Wilson cáil agus onóir ar fud na cruinne as an agallamh a rinne sé tar éis mharú Marie, a iníon, i sléacht Dhomhnach na bPoipíní in Inis Ceithleann. Ní raibh díoltas uaidh agus dúirt sé paidir ar son na ndaoine ón IRA a bhí ciontach. Meastar gur chuidigh a bhriathra maithiúnais chun guaim a choinneáil ag an am scanrúil sin. Fuarthas amach níos deireanaí, áfach, gur chuir leagan amach Gordon Wilson brú breise ar dhaoine eile a d'fhulaing san eachtra sin mar nach raibh siadsan in ann maithiúnas a thabhairt.

Ní nach ionadh, ní mar a chéile a d'airigh aon bheirt agus a chead sin acu. Ba mhinicí a chloisfeá achainí chun diúltú do dhíoltas ná a mhalairt. Bhí sé sin fíor-inmholta cé go gcaithfidh mé a mheabhrú gur minic a thug eagraíochtaí paraimíleatacha an chluais bhodhar do mheasarthacht na n-íobartach. Níorbh iad mianta na cosmhuintire, ar cheachtar taobh, a bhí ar bharr a liosta ag an IRA, an UDA/UFF nó an UVF. Tá liodáin d'ainmneacha beo i mo chuimhne díobh sin, idir bhaintreacha, dhílleachtaí agus thuismitheoirí, a bhí fial, misniúil sa chruachás, iad níos buartha faoin leas poiblí ná fúthu féin. B'in iad na gnáthdhaoine.

Chastaí fear ar leathchos orm go rialta san ollmhargadh. Iarphóilín, goineadh é in ionsaí pléisce ar an RUC. Bhíodh fonn cainte air i gcónaí ach sheasadh sé lena chúl le balla ag labhairt liom. Theastaigh uaidh amharc a bheith aige ar éinne a bheadh ag teacht inár dtreo. Tá aithne mhaith agam ar fhear eile a thrasnódh an tsráid nuair a d'fheicfeadh sé ógfhear in éide de shórt áirithe ag teacht ina threo. Mheabhródh sé dó an fear a rinne iarracht é a mharú in ionsaí lámhaigh. Chuir mé suntas ar feadh na mblianta i mbean a bhíodh ag fanacht lena gasúir taobh amuigh de theach na scoile leathuair sula dtagadís amach. Mhínigh sí dom gur theastaigh uaithi a chinntiú go mbeadh sé sábháilte iad a ligean amach ar an tsráid. Ní lia duine ná scéal a léiríonn an teannas faoinar mhair daoine.

B'annamh trioblóid sa cheantar meánaicmeach ina bhfuil cónaí ormsa ach nuair a bhíonn tú ag dul i measc an phobail lá i ndiaidh lae súnn tú isteach boladh agus blas na heagla agus an teannais a rialaíonn a saol. Bheadh sé doshamhlaithe nach mbeadh tionchar aige sin ar iriseoireacht. Ghoill sé ar an tsúil, ar an meabhair agus ar na mothúcháin ach b'éigean iad a choinneáil faoi shrian. Faoin gcód cleachtais a bhí againne ní raibh sé ceadaithe tuairimí pearsanta a léiriú i dtuairiscí nuachta. Aontaím leis sin. Níorbh fhéidir criticí ar leith a shásamh mar nach raibh tú ag caoineadh nó ag casaoid mar chuid de thuairisc, ach theastódh uathusan na hábhair chaointe nó gearáin a roghnú! Cá stopfadh sé? Bhí muinín agam riamh as cumas an phobail chun tuairisc a thuiscint agus breithiúnas a dhéanamh as a stuaim féin. Éilíodh oibiachtúlacht nó ar a laghad a bheith neamhchlaonta is tú ag soláthar an méid eolais a bhí agat.

Ar an mórgóir, b'éigean an t-eolas a bhailiú faoi dheifir. Bheadh sé furasta bunfhíorais a fháil: cén duine, cén áit, céard a tharla, cathain. Ní raibh sé éasca i gcónaí freagra a fháil ar cén fáth. Go hiondúil níor inis aon cheann de na páirtithe leasmhara lomchlár na fírinne. Bhí gach dream ag tochras ar a cheirtlín féin. Ghlac mé leis go ginearálta nár leor dhá leagan de scéal agus gur theastaigh comhthacú ón tríú foinse nó, má bhí an t-ádh ort, ón gceathrú ceann. Baineann sé sin go speisialta le hiriseoireacht iniúchach, ar ndóigh, ach bhain sé freisin le heachtraí foréigin nuair a bhí conspóid faoi cad a tharla.

Cuireadh é sin i gcion orm nuair a mharaigh saighdiúir Briotanach fear 33 bliain d'aois, Thomas Kidso Reilly, in iarthar Bhéal Feirste i mí Lúnasa 1983. Fuair mé amach ó an-chuid foinsí, cuid acu daoine a raibh aithne agam orthu, gur sa droim a lámhachadh an fear óg – ródbhainisteoir an phopghrúpa Bananarama – a bhí sa bhaile ar saoire. Lá breá samhraidh a bhí ann agus bhí a léine bainte de aige – ba léir nach raibh sé armáilte.

B'in é an scéal a chraol mise ach cheistigh eagarthóirí go dian mé mar bhí seirbhísí nuachta eile ag rá gur tharla an eachtra le linn círéibe; b'in é leagan an Airm. Lean an brú orm faoi m'insint ar an eachtra go dtí meán oíche nuair a cúisíodh an saighdiúir singil, Ian Thain, as dúnmharú. Ba eisean an chéad saighdiúir ar gearradh príosún saoil air. (Saoradh luath é agus ligeadh ar ais san Arm é.)

Níorbh fhéidir a bheith chomh cinnte sin faoi na fíorais i gcónaí. Bhí laincisí speisialta ar iriseoirí RTÉ de bharr alt 31 den Acht um Údarás Craolacháin, 1960. Bhí sé de mhí-ádh ormsa gur oibrigh mé faoi shrian dhá dhreas cinsireachta, Alt 31 (nó le bheith cruinn, *Na Treoirlínte d'Ordú an Aire faoi Alt 31*) in RTÉ agus sna 1990idí sa BBC an cosc craoltóireachta a thug Douglas Hurd agus Rialtas Margaret Thatcher isteach in 1988. De réir na dTreoirlínte bhí bac ar RTÉ agallaimh le Sinn Féin nó sealadaigh an IRA a chraoladh nó urlabhraí ar bith a chur ar an aer a mholfadh sceimhlitheoireacht. Amanna chuir an bac sin toirmeasc ar ábhar le hurlabhraithe na nDílseoirí, an UDA abair, ach ar an mórchóir bhí sé dírithe ar na poblachtaigh. Nuair ba chomhalta de Shinn Féin é an t-aon fhinné ar dhóiteán ollmhór níorbh fhéidir an t-agallamh a chraoladh. Sampla drámata é sin ach bhí an cineál sin seafóide coitianta. Scéal mór idirnáisiúnta ab ea é nuair a d'éirigh le beagnach dhá scór príosúnach poblachtach éalú as príosún na Ceise Fada/na Maighe in 1983. Cúpla lá ina dhiaidh sin agus naoi nduine dhéag fós saor agus ar a dteitheadh, d'fhoilsigh *An Phoblacht*, go mórtasach, cuntas ó dhuine de na príosúnaigh faoi conas a rinne siad é.

Foilsíodh é i bhfoirm agallaimh agus dá bhrí sin chinn eagarthóir in RTÉ go raibh an t-ábhar coiscthe orainne. Bhí an scéal ar bhéal gach éinne ach ní raibh cuntas ar an gcuid sin de ar RTÉ.

In 1991, ag tús fheachtas Bobby Sands (1954–1981), an stailceoir ocrais i bpríosún na Ceise Fada, do shuíochán Parlaiminte Westminster san fhothoghchán d'Fhear Manach agus Tír Eoghain Theas bhí cead agallamh a chur ar a bhainisteoir, Owen Carron. Cuireadh cosc ar agallaimh le Carron níos deireanaí nuair a cinneadh gur ionadaí ag Sinn Féin a bhí ann. Bhí mé ag tuairisciú ón ionad comhairimh an lá ar toghadh Carron ina fheisire, tar éis bhás Sands. Bhí mé beo ar an raidió ar an nuacht nuair a fógraíodh an toradh – b'éigean dom agallamh a chur ar Ken Magennis ón UUP, an t-iarrthóir a chaill agus na gártha gliondair ó na buaiteoirí le cloisteáil sa chúlra. An náire. Sílim gur dhúirt mé ar an aer go raibh an té a chaill faoi agallamh i ngeall ar thoirmeasc alt 31; tá súil agam gur dhúirt. Ní mór a rá, áfach, nár bhéas le RTE fógra rabhaidh a chur ar an aer, ar raidió ná ar theilifís.

Nuair a thug Rialtas na Breataine isteach an cosc craoltóireachta in 1988 bhí ceachtanna foghlamtha ag eagarthóirí sa BBC ón gcaoi ar láimhseáil RTÉ an bac in Éirinn, bac a bhí i réim i bhfad níos faide. Murab ionann agus RTÉ a chinn ag an tús, deirtear linn, na treoirlínte a chur i bhfeidhm go dian ionas go léireofaí nach raibh siad inoibrithe (beart fánach, ar a bhfaca tú riamh) shocraigh an BBC go ndéanfaí tástáil ar na srianta. Is dá bharr sin a chonaic daoine agallaimh le príosúnaigh de chuid an IRA i gclár faoi na H-Bhloic ach go raibh guth aisteora in ionad ghlór an agallaí ar phíosa amháin. Úsáideadh an t-aisteoir nuair a bhí príosúnach ag caint faoi chaighdeán na rollóga ispíní. Bhí na príosúnaigh a cuireadh ar an aer ag labhairt thar a gceann féin ach nuair a labhair Raymond McCartney (Teachta Tionóil anois) faoi na rollóga rinne sé é sin mar urlabhraí ag príosúnaigh an IRA agus bhí sé sin coiscthe. Is iomaí aisteoir a fuair obair rialta ag déanamh athghuthú ar ráitis Gerry Adams, Martin McGuinness agus Mitchel McLaughlin sna laethanta sin.

Níl aon dabht ach gur lagaigh cinsireacht an clúdach ar Thuaisceart Éireann. Ní hé gur ceileadh fíricí ar an lucht féachana/éisteachta sna míreanna a rinneadh – gheofá bealach chun an t-eolas a sholáthar. Ba sna nithe nach ndearnadh a bhí an fhadhb. Bhí sé deacair ábhair a ghrinnscrúdú i gcláir nó i míreanna fada mar ba cheart. Chothaigh na deacrachtaí sin drogall agus ba mhinic a cinneadh nárbh fhiú an tairbhe an trioblóid.

Anuas air sin, cothaíodh meon na féinchinsireachta. Idir an déistin le foréigean an IRA agus fadmharthanacht na dtreoirlínte ar Alt 31, d'fhás dearcadh gur chosaint ar an daonlathas ab ea an chinsireacht. Is minic a dúradh liomsa agus mo leithéidí nach raibh inár naimhdeas d'Alt 31 ach 'crypto-provoism'. Ba chuma go raibh na bréaglíomhaintí sin mícheart ar fad; amanna bhí an nimh a díríodh orainn fíorchontúirteach. Ní mian liom a thabhairt le fios go raibh an BBC gan locht ag déileáil le bac Hurd ach níor tháinig mé ar an méid féinchinsireachta ann a d'fhás in RTÉ i mBaile Átha Cliath ná ar an spídiúlacht chéanna mar chosaint ar chinsireacht. Ba mhaith an lá é nuair a cuireadh deireadh leis an dá bhac ag tús phróiseas na síochána.

Bhí deacrachtaí níos fisiciúla ná sin againn amanna, ar nós an oíche ar léim leaid óg isteach sa charr agam le buama peitril. Ach táim ag dul romham féin. B'in le linn stailc ocrais 1981 nuair a fuair deichniúr príosúnach poblachtach bás ar agóid. B'in ceann de na tréimhsí ba chorraithí, ba shuaite agus ba scanrúla ar mo thaithí. De réir mar a géaraíodh ar an bhfeachtas poblachtach agus náisiúnach ag iarraidh na príosúnaigh a shábháil ón mbás i bhfianaise neamhghéilliúlacht an Phríomh-Aire Margaret Thatcher is ea a cuireadh le doimhneacht na míthuisceana nó fiú éaduisceana i measc na n-aontachtach agus na ndílseoirí. B'in í an uair ba mheasa a bhraith mise an caidreamh trasphobail.

Bhí sé ina raic ar na sráideanna. Maraíodh ochtar agus céad sa mullach ar an deichniúr stailceoirí an bhliain sin agus gortaíodh a lán eile. An oíche a cailleadh an chéad stailceoir ocrais, Bobby Sands, a bhí tofa ina fheisire Parlaiminte d'Fhear Manach agus Tír Eoghain Theas mí roimhe sin, bhí círéibeacha ar fud Bhéal Feirste. Ionsaíodh fear bainne agus a mhac cúig bliana déag d'aois; fuair siad beirt bás de bharr a ngortuithe níos deireanaí. B'in í an oíche freisin a rinne déagóir le buama peitril iarracht carr a bhaint díom le cur trí thine ag bothán ag geata mhonarcha DeLorean. D'éirigh liom an ruaig a chur air agus éalú.

Seo scéilín mar léiriú ar an difríocht idir iriseoirí buanbhunaithe agus na cuairteoirí isteach. Faoin am ar cailleadh an cúigiú stailceoir ocrais bhí na círéibeacha ag maolú. Sin é a bhí á rá agamsa i dtuairiscí. Tháinig iriseoir go Béal Feirste a raibh cáil idirnáisiúnta air, agus ardmheas agamsa air as a chuid oibre i Meiriceá Láir agus Nicearagua go háirithe. Rinne sé tuairisc teilifíse spleodrach: 'tá Béal Feirste ina lasracha – trí thine.' Bhí an ceart aige; ar bhealach. Bhí na pictiúir aige. Cuireadh bus trí thine. Ach b'in é. Dá gcuirfeá an ócáid i gcomhthéacs na n-oícheanta nuair a cailleadh daoine eile, bhí sé ciúin.

Bhí rudaí eile ag tarlú i measc na cosmhuintire. Bhí tús curtha ag toghadh Bobby Sands le haistear polaitiúil Shinn Féin. Faoi dheireadh na bliana sin bhí siad ag caint ar chumhacht le *ballot paper in one hand and the armalite in the other.*' Shocraigh siad go seasfaidís i dtoghcháin rialtais áitiúla agus go dtógfaidís a suíocháin. B'in iad na céimeanna tosaigh i gclaochlú Shinn Féin ach ní mór dom a admháil gur thóg sé tamall ormsa é sin a aithint. Ba léir faoi dheireadh na bliana go raibh fiontar polaitiúil acu ach ní raibh mórán de chosúlacht ar an scéal fós go dtógfaidís tús áite sa ghluaiseacht ón IRA amach anseo.

Sna blianta beaga ina dhiaidh sin d'fhás Sinn Féin. Fuair siad 10 faoin gcéad den vóta i dtoghchán do Thionól nár fhreastail siad air agus in 1983 toghadh Gerry Adams mar Fheisire Parlaiminte den chéad uair. Ag an am céanna, lean foréigean an IRA, iad ag marú breis is leathchéad duine in aghaidh na bliana agus ag déanamh damáiste ollmhóir d'fhoirgnimh le hionsaithe pléisce. Nuair a tháinig an Taoiseach, Garrett Fitzgerald (1926–2011), agus an Tánaiste, Dick Spring, go Caisleán Chromghlinne le bualadh leis an bPríomh-Aire Thatcher chun an Comhaontú Angla-Éireannach a shíniú in 1985 níor ghlac gluaiseacht na poblachta, Sinn Féin ná an tIRA, leis ach an oiread leis na hAontachtaithe.

Lá mór a bhí ann taobh istigh agus taobh amuigh de Chaisleán Chromghlinne. Thug an Comhaontú ról den chéad uair do Rialtas na hÉireann i ngnóthaí Thuaisceart Éireann, céim stairiúil. D'admhaigh Sinn Féin tábhacht na céime níos deireanaí ach thug siad droim láimhe dó ag an am. Lasmuigh ar an tsráid bhí Ian Paisley agus James Molyneaux, ceannairí an dá pháirtí aontachtacha, i gcomhar le chéile den chéad uair le fada. Bhí siad le báiní go raibh beag is fiú déanta dá dtuairimí agus an tAontas 'díolta'.

Mar chuid den agóid chinn siad nach dtabharfaidís agallamh feasta do RTÉ; bhíomar in ann ábhar a thaifeadadh ag nuachtócáidí ach ní dhéanfaidís agallamh aonair linn. Sheas an UUP leis sin go ceann i bhfad ach ar Lá Cinn Bhliana i nDoire agus é ag cur tús le máirseáil agóide rinne Ian Paisley agallamh liomsa. Athrú polasaí ag an DUP.

Droch-am d'iriseoirí ab ea an tréimhse sin. Ionsaíodh go leor ag léirsithe in aghaidh an Chomhaontaithe agus in aghaidh ról an deiscirt ach go háirithe. Níorbh am é do thuairisceoir le canúint Mhaigh Eo a bheith ag labhairt os ard. Bhagair buíon Billy Wright orm i bPort an Dúnáin, bhris léirseoirí lámh mo chomhghleacaí agus a cheamara in ionsaí taobh amuigh de Maryfield. Bhagair an dream céanna sin ormsa le casúr. Tugadh veist philéardhíonach dom le haghaidh na gcíréibeacha sin – d'éiligh lucht árachais é, is cosúil. Ba é an bua ba mhó a bhí uaim ag an am a bheith in ann rith ó ionsaí agus ó bhí tonna meáchain sa veist ba mhinic a 'dhéanainn dearmad' air.

Bhí an t-ádh orm nár bhain aon ghortú dom. Ba mhinic a bhí faitíos orm go háirithe nuair a thugadh Ian Paisley aghaidh chraois orm in ard a ghutha agus daoine teasaí ag éisteacht. An mbeinn slán nuair a bheadh seisean imithe? An mbeadh an criú slán? Údar imní ab ea é go mbíodh oiread sin trealaimh le bailiú ag fir cheamara agus teicneoirí fuaime. Mar sin féin thugamar na sála linn den chuid is mó.

Is beag an méid í an chontúirt d'iriseoirí nuair a chuirtear i gcomparáid í le fulaingt na ndaoine i gcaitheamh na mblianta. Pléasc na hÓmaí, Domhnach na bPoipíní in Inis Ceithleann, na hionsaithe in Oileán an Locháin, ar Bhóthar na Seanchille agus i nGlas-stiall, marú na saighdiúirí sa bhus i mBaile Uí Dhálaigh, ionsaí Michael Stone i reilig Bhaile an Mhuilinn agus marú na beirte ceannairí airm. Níl ansin ach dornán de na heachtraí, cuid de na cinn a ndearna mise tuairiscí orthu.

Ní tuairisciú ó láthair na cogaíochta a bhí ann sa chiall a luaitear leis an mBoisnia nó leis an tSiria. Bhí sé ní b'fhadtéarmaí ná na coimhlintí sin agus ní raibh mo chuid iriseoireachta teoranta don troid amháin. Bhí an obair níos ginearálta ná sin; gnáthimeachtaí laethúla, féilte ealaíon, imeachtaí spóirt – chuir mé agallamh tráth ar laoch mór de mo chuid, an lúthchleasaí Oilimpeach, Edwin Moses.

Bhí an choimhlint de dhlúth agus d'inneach sa saol, áfach. Is mór an méid 3,700 duine marbh agus na mílte gonta as daonra 1.7 milliún duine. Tá an-chuid cneá gan leigheas. Ach is í an tsíocháin an rud is tábhachtaí a baineadh amach, Aoine an Chéasta 1998 an lá is fearr agus is é an deis chun an tsíocháin a bhuanú an tseoid is luachmhaire agus an dúshlán is mó don tsochaí. Gné den dúshlán sin is ea a chinntiú nach dtig le glúin amach anseo filleadh ar an uafás trí neamhaird a dhéanamh dar tharla. Chuir sinne, na hiriseoirí scéalta na dTrioblóidí ar an taifead.

Ealaín na hagallóireachta

Deaglán de Bréadún

Tá seanfhocal ann a deir: 'Ná tóg do theach ar airde.' Ach bhí mo theachsa an uair sin tógtha ar airde, sular bhog mé isteach ann fiú. Mar sin, bhí an baol ann i gcónaí, nuair a d'osclófá an príomhdhoras, go séidfeadh an ghaoth go fíochmhar tríd an áit ar fad.

Lá gaofar san fhómhar a bhí ann ach ní ag smaoineamh ar an aimsir a bhíos agus mé ag bualadh go tréan ar mo shean-chlóscríobhán an uair úd, thart ar tríocha bliain ó shin. I bhfad ó ríomhairí glúine a bhíomar ag an am. Bhí mé sách corraithe mar bhí agallamh leis an bhfile cáiliúil Seamus Heaney á scríobh agam agus sprioc-am ag bagairt gan trua.

Bhí mé lonnaithe sa seomra ar chúl, thuas staighre, agus bhí líne dhíreach idir dhoras an tseomra chéanna agus príomhdhoras an tí. Bhí an seomra beag sách te ón radaitheoir agus dá bharr sin bhí an fhuinneog ar oscailt agam.

Tháinig leathanach i ndiaidh leathanaigh amach as an gclóscríobhán. Bhí mé breá sásta liom féin: bheadh an t-agallamh scríofa agam agus d'fhéadfainn é a thabhairt isteach go dtí an oifig díreach roimh an sprioc-am. (Ar ndóigh, táimid ag caint faoin gClochaois i dtéarmaí cumarsáide.)

Bualadh cnag ar an bpríomhdhoras. Cé atá ann, in ainm Chroim? Rith mé síos an staighre, fuadar mór orm. Rinne mé dearmad doras an tseomra a dhúnadh. Nuair a d'oscail mé an príomhdhoras, shéid an ghaoth go tréan suas an staighre, isteach sa seomra beag, agus d'imigh mo chuid leathanach amach an fhuinneog amhail is gur fáinleoga iad ag fiosrú cad a gheobhaidís le hithe sa ghairdín.

Thug mé faoi deara ar an bpointe céard a bhí ar siúl. D'fhág mé an cuairteoir bocht ina seasamh ag an bpríomhdhoras agus léim mé suas an staighre leis an spreagadh céanna a bheadh ag lúthchleasaí sa tóir ar bhonn órga sna Cluichí Oilimpeacha.

Bhí an chuid is mó de na leathanaigh séidte amach an fhuinneog. Gan fiú smaoineamh air, d'imíos féin ina ndiaidh. Bhí píobán uisce, nó gáitéar, greamaithe leis an mballa agus bhaineas úsáid as sin chun mo bhealach a dhéanamh go talamh. Ar mo bhealach, fuair mé greim ar roinnt leathanach a bhí sáinnithe isteach san eidhneán ar cúl an tí.

Rith mé timpeall an ghairdín ar nós geilte agus bhailigh mé na leathanaigh eile a bhí ar strae. Bhí an t-agallamh sábháilte. Cuireadh i gcló é san *Irish Times* ar an 13 Meán Fómhair 1984, mí sular foilsíodh bailiúchán nua leis an bhfile dar teideal *Station Island*. Bhí grianghraf maith ag mo chomhghleacaí Peter Thursfield den fhile ina sheasamh ag Dumhach Thrá – láthair atá luaite go sonrach ag an Seoigheach in *Ulysses* ar ndóigh.

D'athléigh mé an t-alt agus an aiste seo á scríobh agam. Bhí na Trioblóidí faoi lán seoil ó thuaidh agus tá a scáil siúd le feiceáil ar an agallamh agus ar mheon an fhile féin. Agus an t-alt á athléamh, deir glór beag binbeach ag cúl m'intinne: 'Bhí tú in ann scríobh sna laethanta san, a bhuachaill!'

Bhí seanaithne phearsanta agam ar Sheamus Heaney, a bhí ina oide agam ar feadh tamaill agus mé ag staidéar le haghaidh chéim máistreachta sa Choláiste Ollscoile Baile Átha Cliath roinnt blianta roimhe sin. Is cabhair mhór í, de ghnáth, aithne a bheith agat cheana féin ar dhuine má bhíonn tú ag iarraidh agallamh a chur air no uirthi. Bíonn siad níos toilteanaí agus níos réchúisí le hiriseoir sa chás sin – cé go ndúirt an file féin liom gur mhothaigh sé beagáinín neirbhíseach agus an páipéar á cheannach aige an lá sin. Ní raibh aon chúis aige a bheith imníoch, mar chruthaigh sé go maith as an bpíosa: fear daonna, íogair agus é curtha amach go mór faoi na rudaí crua a bhí á ndéanamh ó thuaidh in ainm na Corónach agus na Poblachta.

Ba é an duine ba mhó le rá – i dtéarmaí nuachta ag an am – ar chuir mé agallamh air riamh, is dócha, ná ceannaire na bPalaistíneach, Yasser Arafat (1929–2004). Trí chomhtharlú, reáchtáladh an t-agallamh ar Lá Fhéile Pádraig, 17 Márta, 2002.

Sula ndeachaigh mé go dtí an Meán-Oirthear, labhair mé le Ali Halimeh (1953–2012) a bhí mar ionadaí (geall le bheith ina ambasadóir) in Éirinn ag na Palaistínigh. Bhí aithne mhaith agam air, mar bhí mé ag scríobh go minic faoin réigiún mar Chomhfhreagraí Gnóthaí Eachtracha don *Irish Times*. Dúirt an tUasal Halimeh go ndéanfadh sé a dhícheall – agus ba é an sórt duine é a bhféadfá brath air. Fuair mé eitilt go Tel Aviv cúpla lá roimh ré le tuairisciú faoin raic agus faoi na caismirtí a bhí ar siúl le linn an Dara Intifada: éirí amach de chuid na bPalaistíneach a bhí ar siúl ón mbliain 2000 go dtí 2005.

Shocraigh mé síos in óstán beag in Iarúsailéim. Tar éis tamaill tháinig glaoch gutháin chugam: duine de rúnaithe Arafat ag moladh dom teacht go dtí an Bruach Thiar agus óstán a chur in áirithe ansin chun feitheamh leis an agallamh. Fuair mé tacsaí an oíche sin go dtí ionad seiceála a bhí curtha suas ag Fórsaí Cosanta Iosrael ag Kalandia, ar an mbealach idir Iarúsailéim agus Ramallah. Bhí roinnt Palaistíneach ag iarraidh dul tríd an ionad seiceála ag an am céanna agus bhí teannas mór san aer. Chuir me seaicéad baráiste orm agus d'ardaigh mo lámh san aer ionas go bhfeicfeadh na saighdiúirí óga Iosraelacha mo phas Éireannach.

Bhí línte as Shakespeare a d'fhoghlaim mé ar scoil ag dul trí m'intinn: *'Seeking the bubble reputation even in the cannon's mouth'* (*As You Like It*). Tugadh cead dúinn ár mbealach a dhéanamh tríd an ionad seiceála – a bhí thart ar chéad méadar ar a fhad – ach ag an am céanna chualamar urchar gunna thuas san aer. Bhí slua mór Palaistíneach bailithe ar an taobh eile ag béicíl ar na saighdiúirí Iosraelacha. Chuamar síos ar ár nglúine agus lean ar aghaidh ar an dóigh sin go dtí go raibh talamh slán bainte amach.

Rinne mé an t-agallamh ag an Mukataa, láthair oifigí agus áit chónaithe Arafat. Ar mo bhealach isteach, chuir garda slándála ceist orm i mBéarla briste: 'You are from the *Irish Times* – what is that: a newspaper?' Dúirt mé leis go raibh an ceart aige: níorbh í an ócáid chuí le masla a ghlacadh! Dúirt duine d'fhoireann phearsanta Arafat go raibh mé go mór faoi chomaoin ag Ali Halimeh a chuir cúig déag nó fiche glaoch ar an teileafón an lá roimhe, lena chinntiú go bhfaighinn an t-agallamh ar deireadh.

Bhí dosaen duine ar a laghad as foireann Arafat ina suí ar leataobh ag éisteacht le gach focal agus an t-agallamh ar siúl againn. B'fhéidir go raibh siad fiosrach, nó ag faire amach do cheisteanna crua: ní raibh an méid sin iomlán soiléir. Is fearr go mór é, más féidir leat, an duine atá le dul faoi agallamh a fháil ina aonar, nó má theipeann air sin gan ach duine nó beirt foirne a bheith ina theannta, ach sa chás seo bhí an t-ádh liom an t-agallamh a fháil ar chor ar bith.

Tógadh roinnt pictiúr le hArafat agus mé féin iontu. An chuid is mó díobh, ba é a ghrianghrafadóir pearsanta a thóg iad agus níor tógadh ach ceann amháin le mo cheamara beag bídeach féin. Fuair mé geallúint go seolfaí na pictiúir chugam tríd an bpost ach, ar an 29 Márta, níos lú na coicís tar éis an agallaimh, rinne Fórsaí Cosanta Iosrael ionsaí ar an Mukataa. Rinneadh praiseach den áit agus maraíodh duine de na gardaí slándála (cúpla lá roimhe sin, bhí beirt Iosraelach is fiche tar éis bás a fháil ag Netanya i mbuamáil fhéinmharfach). Ní bhfuair mé na grianghraif riamh ach tá mo cheann féin agam fós.

Toisc an oiread sin éiginnteachta a bheith ann, níor luaigh mé leis an oifig sa bhaile go raibh an t-agallamh á lorg agam – ar eagla nach bhfaighinn é ag an deireadh. Ach nuair a bhí focail Arafat agam ar téip chuir mé glaoch láithreach ar Shráid D'Olier – áit chónaithe an pháipéir ag an am – leis an dea-scéal a insint dóibh.

Foilsíodh mo thuairisc faoin agallamh mar phríomhscéal ag an *Irish Times* an lá dar gcionn, le téacs níos iomláine ar cheann de na leathanaigh i gcroí an nuachtáin. Ba é an phríomhlíne nuachta a bhí ann ná go raibh Arafat sásta bualadh le Príomh-Aire Iosrael ag an am, Ariel Sharon, dá dtarraingeofaí trúpaí agus tancanna Iosrael amach as na ceantair a bhí in ainm is a bheith faoi smacht ag na Palaistínigh. Mar a scríobh mé i mo thuairisc: *'He spoke in in his own special brand of English, consulting occasionally with an interpreter.'*

Ar mhaithe le bheith meáite agus féaráilte, chuir mé agallamh cúpla lá ina dhiaidh ar an bpolaiteoir ba shinsearaí a bhí mé in ann a fháil ar an taobh eile, Dan Meridor, aire rialtais a raibh cúram air i leith straitéis slándála.

Ar mo bhealach amach as Iosrael, rinneadh diancheistiú orm ag Aerfort Ben Gurion, áit a raibh slándáil ghéar i bhfeidhm. Mhothaigh mé neirbhíseach de bharr an agallaimh ag an Mukataa. Bhí scéalta cloiste agam faoi dhaoine a tógadh isteach go seomra speisialta ag an aerfort le dul faoi scrúdú níos déine fós.

'Cé leo ar bhuail tú ar do chuairt?' a fiafraíodh díom. Chuaigh mé trí liosta fada d'Iosraelaigh agus Palaistínigh, ach bhí faitíos orm Arafat féin a lua.

'Ach cé eile – ar bhuail tú le héinne eile?'

Tá deireadh leat anois a bhuachaill, arsa mise liom féin. Coinneofar thú agus caillfidh tú an eitilt abhaile.

'Chuir mé agallamh ar Yasser Arafat,' arsa mise ar deireadh.

'Dáiríre?' arsa an ceistitheoir – bean mhaisiúil, ghalánta a bhí inti, dála an scéil. 'Cén sórt duine a bhí ann?' Ní raibh aon chúis agam a bheith buartha agus ligeadh ar aghaidh mé.

Faoin am sin bhí mé ag cur agallaimh ar phearsana poiblí le fiche bliain nó mar sin. Go minic, ní bhíonn i gceist ach an gléas taifeadta a chur ar siúl agus tosú ar na ceisteanna. Ach uaireanta, déantar iarracht srianta a chur leis an agallamh roimh ré.

Oíche amháin, siar sa bhliain 1984, bhí mé ag caint i dteach tábhairne iomráiteach Doheny & Nesbitt's i mBaile Átha Cliath le P.J. Mara, urlabhraí de chuid Chathail Uí Eochaidh (1925–2006), ceannaire Fhianna Fáil, a bhí sa fhreasúra ag an am.

D'iarr mé ar P.J. Mara agallamh a shocrú lena mháistir. Bhí Ó hEochaidh agus na meáin nuachta i gcoitinne an-amhrasach faoina chéile. Níor nós leis a bheith ag dul faoi agallamh leis na nuachtáin, ach ag an am céanna bhí spéis mhór ag an bpobal ann mar pholaiteoir sinsearach a bhí fíorchonspóideach. Bhí ag éirí go maith leis féin agus lena pháirtí sna pobalbhreitheanna.

Ceann de na tosaíochtaí atá ag iriseoir ar bith ná spéis an léitheora a mhúscailt agus a choinneáil. Níl aon riachtanas ann go gcaithfidh an té atá le dul faoi agallamh a bheith ina naomh neamhurchóideach – ach caithfidh sé nó sí a bheith spéisiúil ar a laghad. Bím i gcónaí ag rá: má théim go hifreann ar deireadh thiar, ar a laghad beidh an comhluadar níos bríomhaire agus níos spéisiúla ann ná san áit eile thuas.

Má leagann an té atá le dul faoi agallamh coinníollacha síos roimh ré, caithfidh tú cinneadh a dhéanamh: an fiú ceisteanna a chur faoi na hábhair nach bhfuil faoi chosc? An mbeidh toradh fiúntach ar an obair? Cuimhnigh air seo: mura bhfuil tú sásta glacadh le teorainn ar bith i gcásanna mar seo, de ghnáth ní bhfaighidh tú agallamh ar bith ach an oiread.

I gcás Chathail Uí Eochaidh, ní raibh sé sásta ceisteanna a fhreagairt faoi Ghéarchéim na nArm in 1970, ina raibh páirt lárnach aige féin (mar a dúirt duine ón bhfoireann aige liom ar mo bhealach isteach go dtí an agallamh: *'No oul' Arms Trial shite now'*). Bhí an t-agallamh in ainm is a bheith teoranta don tréimhse a chaith sé mar aire i ranna éagsúla rialtais sna 1960idí. Bhí súil agam go mbeinn in ann an comhrá a leathnú amach ó na cúinsí sin.

Foilsíodh an t-agallamh ina dhá chuid ar an 28 agus ar an 29 Márta 1984 agus chuir léitheoirí an *Irish Times* an-spéis ann. Cé go ndearna sé gach iarracht cloí lena thaithí mar Aire Dlí agus Cirt, Aire Talmhaíochta agus Aire Airgeadais, fuaireamar léargas ar ghnéithe eile dá phearsantacht chomh maith.

Bhí de nós agam mo chuid ceisteanna a scríobh síos ar chúl mo leabhar nótaí. Chuirfinn na ceisteanna boga ar dtús agus na cinn chrua ansin, ach nuair a bheadh an píosa á scríobh agam, leagfainn béim ar na freagraí ar na ceisteanna crua mar go raibh siad siúd níos spéisiúla de ghnáth.

Bhí an t-agallamh bunaithe ar chomhrá in oifig s'aige i dTeach Laighean agus ar chuairt a thug mé ar a áit chónaithe, Abbeville, i dtuaisceart Bhaile Átha Cliath. Thóg sé ar thuras mé timpeall na ngairdíní agus nuair a thángamar go crann Ginkgo, dúirt sé go raibh de nós aige cúpla duilleog ón gcrann a ithe gach maidin, d'fhonn cosc a chur ar an tseanaois agus cuma na hóige a choinneáil. Ní raibh sé ach ag magadh agus chuir sé ionadh orm an méid daoine a chreid go raibh Ó hEochaidh i ndáiríre. D'fhoghlaim mé ceacht faoi cé chomh tábhachtach is atá sé *'he quipped'* nó *'he joked'* a chur isteach, lena thaispeáint do dhaoine nuair nach ráiteas dáiríre a bhíonn i gceist.

Bhí sé mar bhunriail dhocht dhaingean ag Ó hEochaidh gan ceisteanna ón bpreas a fhreagairt faoi chúrsaí pearsanta airgeadais ach bhí de dhánacht agam an chnámh spairne sin a lua 'i modh rúin'. Conas a bhí sé in ann teach agus talamh chomh galánta sin a cheannach i gCionn Sáile? Chuir sé i mo leith go raibh mé soibealta ('*You're being impertinent now*'). Dar leis go bhfuair sé praghas maith ar an teach a bhí aige roimhe sin agus mar thoradh air sin go raibh sé in ann Abbeville a cheannach. B'éigean dúinn fanacht go dtí deireadh na 1990idí agus na tuairiscí ó na binsí fiosrúcháin chun eolas údarásach a fháil faoina chuid gnóthaí airgeadais.

Ba scéal eisiach nó 'scúp' sách maith é, an t-agallamh úd a fháil agus fiú daoine a bhí an-amhrasach i dtaobh Uí Eochaidh, d'admhaigh siad go raibh eolas nó léirstean nua ann.

Duine eile a bhí go mór i mbéal an phobail san am atá thart ná Vaclav Havel (1936–2011) – sé 'Vass-lav' an fuaimniú ceart, dála an scéil. Bhí cáil idirnáisiúnta air mar údar drámaí agus easaontóir a bhí i gcoinne réimeas na gCumannaithe sa tSeicslóvaic. Nuair a thosaigh an ré nua iar-Chumannach, roghnaíodh é le bheith ina Uachtarán agus nuair a roinneadh an tír ina dhá chuid, bhí sé mar cheannaire stáit ar Phoblacht na Seice. Chuir mé agallamh air ag Caisleán Phrág, áit chónaithe an uachtaráin, i Mí Bealtaine 2001. Ait go leor, foilsíodh an t-agallamh mar chuid de shraith alt faoi Chonradh Nice. Dhiúltaigh muintir na hÉireann don Chonradh Eorpach úd, an mhí dar gcionn, ach glacadh leis ina dhiaidh sin nuair a gaireadh reifreann eile i nDeireadh Fómhair 2002.

Bhí Poblacht na Seice ag iarraidh ballraíocht a bhaint amach sa Chomhphobal Eorpach agus mura mbeadh Conradh Nice i bhfeidhm bheadh a hiarratas i mboal. Bhí Havel go mór i bhfabhar na ballraíochta agus b'in an phríomhtheachtaireacht a bhí aige do léitheoirí an *Irish Times*: lig isteach muid. Bhí Poblacht na Seice tar éis dul isteach i gcomhaontas míleata NATO cúpla bliain roimhe sin, le tacaíocht ó Havel, a raibh cuimhne mhaith aige ar an ionradh a rinne Comhaontú Vársá ar an tír in 1968.

Is minic a chuireann léitheoirí ceist ort i leith an té a chuir tú faoi agallamh: 'Cén sórt duine atá ann/inti?' I gcás Havel, mar shampla, rinne mé iarracht a phearsantacht a léiriú, ar an gcaoi seo: *'He understands all my questions, which are in English, but an interpreter translates the replies from Czech into English. His hand twirls in the characteristic Havel manner as he makes his points.'*

Bhí an timpeallacht sa chaisleán suimiúil mar léiriú ar acmhainn grinn an Uachtaráin: *'Pantomime clowns cavort in a mural that fills an entire wall. A grinning, surreal cat holds aloft a glass of wine. Mr Havel points out with a smile that the balding man in the picture taking notes of everything that happens in the presidential office is an agent of the KGB – indeed he resembles the notorious Lavrenti Beria, one-time head of the Soviet secret service.'*

Polaiteoir eile a bhí go mór i mbéal an phobail ab ea Jimmy Carter, cé nach raibh sé ina Uachtarán a thuilleadh ar na Stáit Aontaithe nuair a chuir mé agallamh air ag Farmleigh, teach aíochta an Stáit i bPáirc an Fhionnuisce, i Meitheamh 2007. Labhair sé amach go láidir faoi staid na bPalaistíneach, ag rá go raibh an chaoi ina raibh Iosrael ag déileáil leo níos measa, ar bhealaí áirithe, ná an chinedheighilt a bhíodh i réim san Afraic Theas. Dúirt sé: *'You never had a wall built in South Africa.'* Ach dúirt sé go raibh an próiseas síochána s'againne mar eiseamláir *'to the rest of the world'*. I ndiaidh an agallaimh, chuaigh an t-iar-Uachtarán amach ag rith, ainneoin go raibh sé dhá bhliain is ochtó d'aois ag an am.

Bhí Rúnaí Ginearálta na Náisiún Aontaithe, Kofi Annan, ag teacht ar cuairt go hÉirinn ag pointe áirithe agus chuir an *Irish Times* mé go Nua-Eabhrac roimh ré le hagallamh eisiach a chur air ina oifig ar an 38ú hurlár de cheanncheathrú na heagraíochta. Is maith an rud é nuair a bhíonn do chuid fostóirí sásta tacú leat sa chaoi sin chun agallamh le mórphearsa domhanda a fháil.

Duine eile a bhí ag teacht go hÉirinn ar cuairt oifigiúil ab ea Hosni Mubarak, a bhí ina Uachtarán ar an Éigipt nuair a tháinig sé anseo ag deireadh na bliana 2006. Chuaigh mé amach go Cairo chun an t-agallamh a dhéanamh agus bhí an chuid is mó de tógtha suas le cúrsaí síochána sa Mheán-Oirthear agus an t-aighneas idir Iosrael agus na Palaistínigh ach go háirithe.

Níor spéis leis ceisteanna a fhreagairt faoi chúrsaí inmheánacha na hÉigipte agus, chun an folús sin a líonadh, scríobh mé alt eile inar cuireadh an cheist: cé chomh fada is a bheidh an Éigipt ciúin amach anseo? Labhair mé le George Ishaq ón eagraíocht frithrialtais Kifaya agus chuaigh mé chuig cruinniú de dhaoine a bhí ag agóid in aghaidh na réime. Ag am scríofa an ailt seo, tá an t-iar-Uachtarán Hosni Mubarak (84) daortha chun téarma fada príosúnachta agus tuairiscí ann go bhfuil an tsláinte go dona aige.

Rud amháin a gcaithfidh tú bheith an-chúramach faoi, is ea taifead ceart, do-shéanta den agallamh a fháil. Cé go bhfuil scileanna maithe nótála agam, is nós liom freisin dhá thaifeadán a úsáid (bíonn an baol ann go dteipfidh ar cheann amháin díobh nó go mbeidh an cadhnra spíonta). Gabhaim leithscéal ag tús an agallaimh de ghnáth. *'Belt and braces'* a thug Conor Cruise O'Brien (1917–2008) ar an nós seo, ach bhí Mo Mowlam (1949–2005) pas beag searbhasach: *'You're paranoid.'*

Go luath tar éis di a bheith ceaptha mar Rúnaí Stáit ar Thuaisceart Éireann i lár na bliana 1997, rinne mé iarratas ar agallamh le Mowlam. Dúirt Oifig Thuaisceart Éireann i mBéal Feirste go raibh glactha le m'iarratas. Ach chuir Mo féin in iúl d'iriseoir eile ar an bpáipéar go dtabharfadh sí an t-agallamh dó siúd. Mhol mo chomhghleacaí dom go gcaithfimis pingin in airde faoi: rinneamar amhlaidh, mise a bhuaigh, agus tharla an t-agallamh sa deireadh ag tús 1998. Agus an píosa á léamh ar ais agam anois, táim sásta go maith leis taobh amuigh de thagairt a rinne mé go raibh *'benign tumour'* aici. B'in mar a dúradh linn ag an tréimhse sin ach a mhalairt de chás a bhí ann agus fuair Mowlam bhocht bás le hailse sa bhliain 2005. Bhí dochtúir tar éis a rá léi sa bhliain 1996 go raibh galar marfach uirthi ach níor admhaigh sí a leithéid go poiblí ar eagla go gcuirfí deireadh lena dul chun cinn polaitiúil.

Is beag duine nach bhfuil sásta go mbeidh taifeadán ar siúl le linn an agallaimh. Más rud é go ndiúltaíonn sé nó sí labhairt agus an taifeadán in úsáid, ba chóir duit do chuid nótaí a léamh ar ais dó nó di nuair a bhíonn an t-agallamh críochnaithe lena chinntiú go bhfuil leagan cruinn agat den mhéid a dúradh leat. Uaireanta freisin, más aire rialtais atá á cheistiú mar shampla, bíonn preasoifigeach i láthair ag an agallamh le taifeadán 'oifigiúil' ar an mbord.

Bíonn jab an iriseora níos éasca más duine é an t-agallaí a fhreagraíonn ceist go neamhbhalbh, gearr, gonta agus a thugann deis duit ansin dul ar aghaidh go dtí an chéad cheist eile. An duine ab fhearr a casadh orm riamh den sórt sin ab ea Príomh-Aire na hAetóipe, Meles Zenawi (1955–2012) ach faraor tá seisean imithe anois ar shlí na fírinne. Is minic a bhíonn polaiteoirí rófhadálach, ag iarraidh gan aon rud conspóideach a rá. Dá fhad é an freagra, is lú an t-eolas a fhaigheann tú de ghnáth.

Is nós liom cuid mhaith den agallamh, nó b'fhéidir an rud iomlán, a scríobh amach ina dhiaidh agus na píosaí is spéisiúla a chur san alt atá le foilsiú. Próiseas leadránach atá ann de ghnáth ach go dtí seo níl mé in ann teacht ar bhogearraí glóir a dhéanfadh an jab dom ar ríomhaire, nó b'fhéidir nach bhfuil ar mo chumas an trealamh atá ar fáil a úsáid i gceart.

Anois tá ré an Idirlín tagtha chun cinn agus tá na nuachtáin chlóbhuailte ag dul i léig. Is féidir agallamh iomlán a chur in airde ar an Idirlíon nó ar a laghad leagan níos giorra a bhfuil eagarthóireacht déanta air. Is féidir físeán den agallamh a chur os comhair an phobail. Tá cosúlachtaí idir na hiriseoirí traidisiúnta agus Oisín i ndiaidh na Féinne. Ach pé bealach a gcuirtear an t-agallamh ar fáil, beidh gá i gcónaí le réamhullmhúchán ceart agus ceistiúchán atá sibhialta ach géar ag an am céanna. Pé rud a tharlaíonn i réimse na teicneolaíochta, beidh éileamh i gcónaí ar an bhfírinne lom. Ar a laghad le ríomhaire seachas clóscríobhán, is féidir do theach a bheith tógtha ar airde.

Tarzan agus '*The only* Gaeilgeoir *in the village*': dúshláin agus laincisí na meán Gaeilge

Breandán Delap

'Labhair na daoine dubha Gaeilge le Tarzan inniu ...'

B'in a scríobh gasúr óg ina dhialann ar an chéad lá d'Iúil 1976. Bliain dhuairc go leor ab ea é idir chíréibeacha in Soweto, éirí as oifig Chearbhall Uí Dhálaigh (1911–1978), dúnmharú Ambasadóir na Breataine chun na hÉireann, ruathar Arm Iosrael ar Aerfort Entebe agus bua Brotherhood of Man sa chomórtas Eoraifíse. Bhí Abba agus The Bay City Rollers i mbarr a réime agus an chosúlacht ar an scéal go raibh *perm* míchuibhiúil ag gach éinne, idir fhir agus mhná. Ach bhí an buachaill áirithe sin róthógtha le réaltaí na teilifíse le haird a thabhairt ar imeachtaí achrannacha an lae.

Cuid den saol ab ea an gearradh cumhachta in Éirinn na linne sin. Ní raibh iomrá ar bith ar an Playstation ná ar an iPad agus ba é an teilifíseán (dubh agus bán) príomhfhoinse siamsaíochta an náisiúin. Agus in Éirinn ní raibh ag formhór na ndaoine ach cainéal amháin (RTÉ) sa bhreis ar UTV in áiteanna áirithe. Ar ndóigh, bhí pinginí an chraoltóra náisiúnta gann go maith ag an am agus bhí aos óg na tíre i dtuilleamaí cartúin iompórtáilte as an Pholainn – *Bolek and Lolek* – mar bhealach éalaithe don tsamhlaíocht. Ach ba le teann buíochais a glacadh le haon bhlúire siamsaíochta dá shórt.

Ceann de bhuaicphointí na seachtaine mar sin ab ea *The Sunday Matinée* a bhíodh ar siúl ag a trí a chlog gach Domhnach. Bhíodh sé de nós ag teaghlaigh fud fad na tíre suí síos os a chomhair tar éis dinnéar rósta an Domhnaigh agus na maróige ríse. Is mar sin a bhí mise an lá úd ag breathnú ar an *matinée* nuair a nochtadh cnámh lom na fírinne dom ... go raibh Gaeilge ag Tarzan.

Bhí mé ag amharc ar scannán faoi leith ina ndearna rí na dufaire aistear contúirteach go Críocha Ju Ju agus é ag tionlacan fear agus bean a bhí sa tóir ar 'dhiabhal na ndaoine beaga' – nó an fear bán a bhí ina chónaí i measc na bpigmithe. Ní túisce a bhain an triúr acu a gceann scríbe amach, ná go raibh siad timpeallaithe ag fir bheaga le píopaí séide. Ach baineadh den bhagairt nuair a labhair a gceannaire leo i nGaeilge. 'Cuir síos iad,' arsa Red McGeehan, '*Now* éist liomsa ar feadh nóiméid. Ise mo bhean. Tá sí ag teacht liom. An dtuigeann sibh mé?' Fágadh na fir bheaga sioctha leis na gáirí go raibh uisce ina súile. Ach bhí an t-anam scanraithe as an lánúin bhocht agus thit sé ar Tarzan a raibh ráite aige a aistriú go Béarla.

Bhain sé seo croitheadh mór asam. Bhí mé aon bhliain déag, ceithre mhí agus 139 lá d'aois an uair a nochtadh an scéal mór seo dom. Chan amháin go raibh mionteanga s'againne á labhairt ag bundúchasaigh na hAfraice ach bhí rí na dufaire é féin ábalta í a thuiscint chomh maith. Cúis iontais ab ea é seo domsa óir ba thearc líon na *A-list celebs* in Éirinn na linne sin a raibh Gaeilge ar a dtoil acu, seachas leithéidí Éamon de Buitléar, Páidí Ó Sé, Dáithí Lacha ... agus anois fear fiáin na foraoise é féin, Tarzan.

Ba bheag aird a bhí ar an cheartaiseacht pholaitiúil sna 1970idí agus ba sa mhodh ordaitheach ba mhó a labhair McGeehan leis na pigmithe sa scannán úd. 'Deifir, deifir,' a dúirt sé, agus 'gabh i leith agus tóg an cailín seo go dtí mo theach.' Ba gheall le teanga rúnda í an Ghaeilge do na pigmithe mar nuair a thug sealgairí mioscaiseacha a bhfocal nach ndéanfaidís aon dochar dóibh mura leanfaí iad agus a gcuid giall, bhí McGeehan ábalta foláireamh a thabhairt do na bundúchasaigh: 'Ná tabhair aird ar bith don duine seo. Tá sé ag insint bréag duit.' Ba leor an nod sin do na pigmithe eolacha agus in imeacht ama d'éirigh leo Tarzan, McGeehan agus a bhean a shaoradh ó fheillbheart na ndaoine geala. Agus mar ba dhual do scannáin na linne sin, thig linn glacadh leis go raibh saol sona sásta ag cách.

Ach cén dóigh a tharla sé go raibh Gaeilge á labhairt ag an gcine barbartha seo i lár na dufaire? An coilíneacht de chuid na sean-Ghael a bhí ann nó an amhlaidh a chuaigh cúpla teaghlach ar strae ar a mbealach soir go Ráth Chairn?

Mar a tharlaíonn sé bhí míniú iontach simplí ar an scéal. Iar-aisteoir de chuid Thaibhdhearc na Gaillimhe, Seán McClory (1924–2003), a bhí ina aoi-réalta san eagrán áirithe sin de Tarzan – *The Golden Runaway* (1967)

– agus ba léir gur thug sé faoina ról le teann diabhlaíochta. Is dócha go dtugann sé sin míniú fosta ar cad chuige a raibh fear le sloinne Conallach ag spalpadh Gaeilge ghlan Chonamara i lár na hAfraice. Tar éis an tsaoil, ba shaothar ficsin a bhí ann. Céad faraor.

Óir níl dabht ar bith ann ach gur laoch mór de chuid na meán Gaeilge a bheadh i Red McGeehan dá mbeadh sé beo ar na saolta deireanacha seo. Bheadh am faoi leith curtha ar leataobh dó ar *Adhmhaidin* (agus é ag gearán is dócha faoi easpa ionadaíochta Ghaeltacht na hAfraice ar Bhord an Údaráis nó nach raibh sé áirithe mar cheantar chatagóir a haon sa *Straitéis 20 Bliain*.) Is cinnte go mbeadh clár faisnéise déanta ag Nuacht TG4 faoi agus go gcraolfaí clár siamsaíochta i measc drumaí na dufaire gach re Nollaig. Is dóichí ná a mhalairt go mbeadh colún rialta aige in Beo.ie nó in *Foinse* agus bíodh geall go mbainfeadh Máirtín Tom Sheáinín neart comhrá as. Bheadh an-tóir ag na meáin ar a chuid tuairimí faoi réimse leathan ábhar – cinedheighilt, caismirtí i dtíortha na hAfraice, téamh domhanda, lúthchleasaíocht fad-achair, agus neart eile nach iad. Bheadh sé ina aoichainteoir ag seimineáir de chuid an Oireachtais agus bhronnfaí gradaim speisialta air go tráthrialta as a chuid iarrachtaí an teanga a chur chun cinn san Afraic. Bheadh lorg carbóin millteanach ard ag na meáin Ghaeilge, ag dul soir is anoir le hagallamh a chur air. Cé gur léir nár cainteoir ó dhúchas é Tarzan féin, seans go mbeadh ráchairt mhór airsean fosta de bharr a cháil domhanda – ach samhlaím go mbeadh lucht na mbadhrónna dearga ag fonóid faoina chuid foghraíochta.

Óir is ceann de na dúshláin is mó a bhíonn ag na meáin Ghaeilge, le hais a gcuid comhghleacaithe atá ag saothrú trí mheán an Bhéarla, ná aoichainteoirí nó 'saineolaithe' a aimsiú i réimsí áirithe. Sin í an chúis is dócha go mbíonn na daoine céanna le cluinstin agus le feiceáil ar na cláir nuachta ó mhaidin go faoithin gach lá. An chéad uair eile a bhíonn tú ag amharc nó ag éisteacht le clár cúrsaí reatha druid do shúile nó clúdaigh do chluasa agus ní rachaidh sé dian ort a thuar cé a bheas ag déanamh anailíse ar na hábhair éagsúla. Más cúrsaí eacnamaíochta atá faoi chaibidil labhrófar leis an Uasal X; titfidh sé ar Y anailís pholaitiúil a thabhairt agus ní bheadh a shárú ar léamh Z ar chúrsaí leighis. Nach bhfuil sé thar am ag an Choiste Téarmaíochta focal a chumadh do *'the usual suspects?'*

Is le fonn agus teann dóchais mar sin a amharctar gach bliain ar na grianghraif d'fhoghlaimeoirí a bhíonn ag freastal ar chúrsaí Gaeilge ar eagla go mbeadh ábhar saineolaí againn sa sceimhlitheoireacht idirnáisiúnta nó sa ghéineolaíocht mhóilíneach. Bheadh pingin mhaith le saothrú ag a leithéid ó na meáin Ghaeilge gan aon cheist. Mar ní léir go bhfuil go leor cainteoirí suimiúla ann le freastal ar bhisiúlacht na ceirde. Sin í an chúis a sáitear micreafón os comhair ár gcuid dornálaithe cróga, tuirseacha sna Cluichí Oilimpeacha leis an gcorrfhocal a shú astu a d'fhoghlaim siad tar éis ceithre bliana déag de scolaíocht. (Amanna bíonn an chosúlacht ar an scéal gur mó saothar a bhaineann le 'Tá áthas orm' a rá ná trí bhabhta iomrascála san fháinne lena gcéile comhraic!) Sin í an chúis fosta a ndéantar mór is fiú de tvuít fhánach ón iarlaoch peile Stan Collymore ('An tÉan beag is áille sa Ghairdín,' Eanáir 2012) agus d'abairt bhriotach ón aisteoir Stephen Fry ar *Ros na Rún*. Nach bocht an scéal é go mbíonn muidne atá ag saothrú i gcéad teanga an stáit de shíor ag lorg aitheantais ó lucht an Bhéarla?

'Anyone here been raped and speak English?' a d'fhiafraigh comhfhreagraí cogaíochta místuama éigin, más fíor don iriseoir Edward Behr, nuair a bhíothas ag tabhairt íospartach ón Eoraip slán ó léigear Stanleyville sa Chongó in 1964. Insítear an scéal mar shampla den easpa scrupaill agus tuisceana a bhaineann le hiriseoirí in amanna. Cur chuige tútach ab ea é go cinnte, agus ní dócha go n-oibreodh sé don iriseoir neamhscrupallach Gaeilge a bheadh ar thóir agallaimh: 'An bhfuil éinne anseo a chaill post agus a bhfuil Gaeilge aige?' Tost na reilige a gheofá go hiondúil mar fhreagra ar an cheist sin.

Réiteach amháin atá ar an fhadhb seo ná cead a thabhairt giotáin chainte i mBéarla a chraoladh taobh istigh de thuairiscí Gaeilge. Is é sin an cur chuige a bhíonn ag ár gcomhghleacaithe ar an taobh eile de Shruth na Maoile. Mura bhfuil cainteoir maith Gàidhlige ar fáil d'iriseoirí BBC Alba nó Raidió nan Gaidheal, bíonn saoirse acu agallamh as Béarla a chur ina gcuid tuairiscí. Níl a leithéid inmholta i gcás na Gaeilge dar liom. De réir an daonáirimh is déanaí, mar shampla, tá 1.77 milliún duine sa stát ar féidir leo Gaeilge a labhairt. Lena chois sin, tá 77,000 cainteoir a labhraíonn an teanga taobh amuigh den chóras oideachais ar bhonn laethúil. Is fada sin ó mhionteangacha eile atá ag saothrú an bháis. Tá cainteoirí Gaeilge ann gan aon dabht ach dul sa tóir orthu.

Ach ar ndóigh is iomaí iriseoir Gaeilge nach mian leis, nó nach ligeann an fhalsacht dó, dul ag cuardach cainteoirí oilte ar ábhair éagsúla nár chualathas nó nár chonacthas ar na meáin cheana. Is iadsan na hiriseoirí céanna a mbíonn leisce orthu daoine nó eagraíochtaí áirithe a cháineadh ar eagla go mbeidís ag brath ar urlabhraithe Gaeilge áirithe le poll a líonadh lá níos faide anonn. Tá breis is céad ball in Acadamh na Lianna, mar shampla, agus saineolas acu ar réimsí éagsúla leighis mar an fhisiteiripe, an chógaisíocht, an t-altranas agus an fhiaclóireacht. Nach aisteach mar sin nach mbíonn níos mó éagsúlachta le sonrú sna saineolaithe a roghnaíonn na meáin Ghaeilge le labhairt faoin ghné ríthábhachtach seo dar saol? Óir is fánach an áit ...

I Samhain na bliana 2007 dhruid an comhlacht Seagate a mhonarcha i Léim an Mhadaidh, Co Dhoire. Ar an drochuair, chaill ionann is míle duine a gcuid post. Ba mhór an méid é sin agus bheartaigh an Clár-Eagarthóir a bhí ar diúité don *Six One* an lá úd veain satailíte a chur ann le go mbeidís ábalta tuairisc teilifíse a fhothú ón mbaile. Ní raibh aon tuairisceoir de chuid Nuacht RTÉ ar fáil an lá sin agus rinne mé cinneadh leas a bhaint as acmhainní an mhátharchomhlachta chun agallamh beo a dhéanamh ón láthair. D'aimsigh mé Comhairleoir Baile de chuid Shinn Féin a bheadh ábalta cur síos a dhéanamh ar an éifeacht a bheadh ag druidim na monarchan ar Léim an Mhadaidh agus ar Chúil Raithin. Rinne mé socrú leis go dtiocfadh sé a fhad leis an veain satailíte a bhí lonnaithe taobh amuigh de gheataí Seagate le hagallamh a dhéanamh do Nuacht TG4 ag a seacht a chlog. Ní raibh aon aithne agam ar an Chomhairleoir seo ach ghlac mé lena fhocal go mbeadh sé ann.

Bhí go maith agus ní raibh go holc go dtí gur fhógair an teicneoir i Léim an Mhadaigh dhá bhomaite sula rabhamar le dul ar an aer gur tháinig faitíos ar fhear Shinn Féin agus gur thug sé na bonnaí leis. Bhuail taom scaoill mé. Chan amháin go mbeadh poll mór san fheasachán dá uireasa ach bheadh neamart iomlán déanta againn de phobal a bhí briste brúite mar thoradh ar an fhógra. D'ardaigh mo chroí cúpla soicind ina dhiaidh sin, áfach, nuair a chonaic mé fear ag seasamh ar láthair an agallaimh. Ach leathbhomaite roimh dul ar an aer bhí ag teip orainn teagmháil a dhéanamh leis. 'Heileo a Choilm,' arsa fear fuaime TG4 arís is arís eile ach gíog ná míog níor chuala muid ó fhear Léim an Mhadaigh. Bhí an t-agallamh le bheith ar bharr an chláir agus cúpla soicind sula ndeachamar ar an aer bhí mé ar tí cinneadh a dhéanamh é a chaitheamh i dtraipisí. 'Heileo a Choilm,' a dúradh iarraidh amháin eile agus an t-am seo fuaireamar freagra. Ach más ea, níorbh é an freagra é a rabhamar ag súil leis. 'Liam is ainm domhsa,' a chuala muid. Ní raibh ach cúig shoicind ag an léitheoir sloinne an fhir mhistéirigh seo a fháil sular chuir sí agallamh air agus muid uile ag guí go raibh sé ábalta Gaeilge a labhairt agus thairis sin nárbh é gealt an bhaile a bhí ann. Mar a tharlaíonn sé, bhí scoth na Gaeilge aige agus an post ba shinsirí sa Chomhairle áitiúil lena chois sin! Tugadh moladh mór dúinn ag comhdháil nuachta RTÉ an mhaidin dar gcionn as feabhas ár gcuid oibre. Tugadh suntas faoi leith go ndearna Príomhfheidhmeannach na Comhairle agallamh le Nuacht TG4 ach nach raibh sé ag an *Six One* ar chor ar bith. Ní bhfuair mé amach riamh cad a tharla do fhear Shinn Féin ach mar a deirim is fánach an áit a bhfaighfeá gliomach!

Má labhraíonn tú le haon iriseoir atá ag obair trí mheán na Gaeilge, áfach, inseoidh sé nó sí duit gurb é tabhairt i dtír na ngliomach úd an ghné is deacra dá gcuid oibre. Má tharlaíonn dúnmharú nó timpiste i mbaile beag ar bith in Éirinn ní bhíonn le déanamh ag an iriseoir Béarla ach an láthair a bhaint amach agus beidh agallaimh aige taobh istigh d'achar gairid. Caithfidh a chomhghleacaí ó na meáin Ghaeilge, áfach, dul ar tóraíocht taisce casta chun *'The only Gaeilgeoir in the village'* a aimsiú. Drochtheist ar theagasc na Gaeilge i scoileanna na tíre is ea an dua a bhaineann leis an gcúram áirithe seo. Is mór an aithne atá curtha ag iriseoirí na Gaeilge ar ghalfchúrsaí agus ar thithe leanna na hÉireann agus iad ag iarraidh teacht ar an chainteoir seachantach nach bhfuil ag freagairt a ghutháin. Cá dtosaíonn tú? Na gardaí is dócha agus mura bhfuil aon urlabhraí acusan seans maith go mbeadh aithne acu ar dhuine éigin a bhfuil. Thig brath ar phríomhoide na bunscoile ach in amanna tagann cúthail air nó uirthi. Bheadh stádas faoi leith ag an méid a déarfadh an sagart áitiúil faoin eachtra más féidir teacht air. Má theipeann airsean thiocfadh leat triail a bhaint as an gcraobh áitiúil de Chonradh na Gaeilge nó de Ghlór na nGael, más ann dóibh. Is minic fosta a bhítear ag brath ar theagmhálaithe do chomhghleacaí a rinne tuairisc ón áit chéanna cúig bliana ó shin, nuair a baineadh duais i gComórtas na mBailte Slachtmhara. Bíonn baol áirithe ag baint leis an gcur chuige áirithe seo nó is iomaí iriseoir a chuaigh sa tóir ar chainteoir Gaeilge a síneadh sa talamh dornán blianta roimhe sin!

Is minic leis go mbíonn sainmhíniú leathan ag daoine ar cad is Gaeilgeoir ann. Níos minice ná a mhalairt ní bhíonn Gaeilgeoir an bhaile chomh líofa is ba mhaith leat é a bheith. Uaireanta bíonn ceacht beag Gaeilge i gceist sula mbíonn sé réidh le dul faoi agallamh. Ceann de bhunrialacha eitic na hiriseoireachta é nár cheart focail a chur i mbéal daoine. An bhfuil sé bailí nó féaráilte mar sin cóitseáil a dhéanamh ar agallaí mar a dhéanann iriseoirí de chuid na meán Gaeilge go rímhinic? Ach ar ndóigh is iondúil go mbíonn an cainteoir é féin buíoch díot as cuidiú beag a thabhairt dó in áit ligean dó amadán a dhéanamh de féin os comhair an tsaoil mhóir lena chuid Gaeilge briste.

Is iomaí ceist eiticiúil eile, áfach, a eascraíonn as an láimhseáil a dhéanann na meáin chraolta Ghaeilge ar a gcuid agallaithe. Ar cheart go mbronnfaí díolúine ó cheisteanna crua ar dhuine nach bhfuil Gaeilge aige ach a bhfuil baint lárnach aige le scéal? Nó ar cheart an cheist a chur air i mBéarla agus guthú díreach nó athinsint a dhéanamh ar a bhfuil ráite aige? An bhfuil muid ag cur éirim an agallaimh as a riocht mura gcloistear tuin chainte an duine seo? Agus cad faoin té a bhfuil smeadar Gaeilge aige ach nach bhfuil rólíofa? Ar cheart go mbeadh muid sásta le giotán cainte uaidh agus fios maith againn go gcuirfear agallamh níos déine air sna meáin Bhéarla? An bhfuil sé ceart go mbíonn polaiteoirí áirithe le cluinstin agus le feiceáil go síoraí seasta ar Raidió na Gaeltachta agus ar TG4 siocair go bhfuil líofacht chainte acu? An bhfuil muid ag tabhairt buntáiste dóibh thar a gcéilí comhraic nach labhraíonn Gaeilge agus an bhfuil an baol ann go n-amharcfaí orainn dá réir mar uirlis bolscaireachta? An bhfuil sé féaráilte go gcuirtear ceisteanna níos déine ar an Aire Rialtais líofa ná ar an urlabhraí freasúra leis an nGaeilge bhriotach? Ar cheart dul go réidh ar an Aire eile cionn is nach bhfuil a dhóthain máistreachta aige ar an teanga le go dtuigfeadh sé ceisteanna diana? Nuair a thionóil TG4 díospóireacht i measc na n-iarrthóirí do thoghchán na hUachtaránachta in 2011 an raibh Michael D. Higgins faoi bhuntáiste nó faoi mhíbhuntáiste ó tharla gurb é amháin a bhí ábalta ceisteanna a fhreagairt as Gaeilge? Ar thuig níos lú den lucht féachana a raibh le rá aige ná ag a chuid iomaitheoirí a bhí ag díospóireacht go hiomlán i mBéarla?

Ceisteanna iad seo nach bhfuil freagraí simplí orthu. Ach is ceisteanna iad fosta nach gcuirfidh lá buartha riamh ar an iriseoir atá ag obair trí mheán mórtheanga ar nós an Bhéarla. Ar ndóigh tá sé de bhuntáiste ag na meáin scríofa go dtig leo agallamh a chur ar dhaoine i mBéarla agus abairtí iomlána a aistriú go Gaeilge. Fós féin, bíonn cuma aisteach go maith ar ráitis a léann tú ó Radovan Karadzic, Benjamin Netanyahu nó Wayne Rooney fiú idir uaschamóga agus an chosúlacht ar an scéal go bhfuil Gaelainn bhreá na Mumhan á spalpadh acu.

Figiúirí Ísle

Má bhíonn deacrachtaí ag na meáin Ghaeilge cainteoirí maithe a aimsiú is ríléir nach bhfuil ag éirí linn an t-uafás léitheoirí, éisteoirí ná breathnóirí a mhealladh ach an oiread. Is doiligh cuma na maitheasa a chur ar fhigiúirí díolacháin, féachana is éisteachta na meán Gaeilge, is cuma cén cruth dearfach a chuirtear i láthair an phobail. Ní raibh ach 1,300 cóip den nuachtán *Gaelscéal* á ndíol in aghaidh na seachtaine, mar shampla, nuair a cuireadh deireadh leis in 2013. De réir tuarascáil a chuir an comhlacht cuntasóireachta agus comhairleoireachta Crowe Horwath le chéile d'Údarás Craolacháin na hÉireann in 2013 níl ach sciar 0.6% den mhargadh éisteachta ag RnaG. Cé go bhfuil a thrí oiread de chostas ag baint le RTÉ Radio 1 a chur ar an aer ná Raidió na Gaeltachta bíonn 39 oiread níos mó de sciar an mhargaidh aige. De réir an athbhreithnithe chéanna ní bhíonn ar an meán ag TG4 ach timpeall 2% den lucht féachana, agus sin le cabhair na gclár Béarla agus na bhfotheideal. De réir an athbhreithnithe, níor fhéach os cionn leath den phobal riamh ar chlár ar TG4.

Is ar fhóirdheontas amháin a mhairimid agus ní fiú a bheith ag cur i gcéill go bhféadfadh muid gníomhú ar bhonn tráchtála. Is cuimhin liom a bheith i láthair ag club grinn i nGaillimh oíche amháin nuair a d'fhiafraigh an siamsóir an raibh duine ar bith i láthair ó TG4. Ní ligfeadh an eagla ná an náire dom a leithéid a admháil d'fhear a bhí sa tóir ar cheap magaidh. *'Only if there was,'* ar sé, *'I'd tell him that this is what an audience looks like.'* Ouch!

B'fhéidir gurb é teirce an phobail éisteachta, féachana agus léitheoireachta is cúis leis an gclaonadh atá ag go leor d'iriseoirí na Gaeilge aitheantas a lorg trí mheán an Bhéarla. Bíodh sé fíor nó bréagach, tá an dearcadh coitianta go maith go gcaithfear saothair a chur i gcló nó a chraoladh sna meáin Bhéarla le stampa inchreidteachta iriseoireachta a fháil. Ar an lámh eile, is minic a chaitear leis an iriseoir Gaeilge mar a bheadh an col ceathrar rua atá tagtha anuas ón tuath ar a chamchuairt chun na hardchathrach. Is maith ann é chun mír bheag aisteach a dhéanamh ag deireadh an chláir nó ar leathanaigh na ngné-alt le léargas a thabhairt ar dhóigheanna beaga corra nó ar ghnásanna traidisiúnta atá imithe i ndearmad. Ach in ainm Dé ná scaoil in achomaireacht scread asail do na leathanaigh tosaigh nó do bharr an chláir é!

Cén t-iontas mar sin go ngoilleann an bealach tútach a gcaitear leis ar mhuinín an iriseora Gaeilge, dá ainneoin féin? Is cuimhin liom tráth a raibh an t-iriseoir ón Ísiltír Alex Hijmans ag obair le Nuacht RTÉ/TG4 traidhfil blianta ó shin. Tháinig sé ar alt i gceann de na nuachtáin san Ísiltír a bhí tráthúil go maith do phobal na tíre seo, is é sin go raibh U2 ag beartú a cheannáras a bhogadh as Baile Átha Cliath go hAmstardam. Buille mór a bheadh san aistriú seo do gheilleagar na hÉireann ar ndóigh. Chonaic Alex tábhacht an scéil láithreach agus d'aistrigh sé an t-alt go Béarla le go gcuirfí faoi bhráid dheasc nuachta Béarla RTÉ é. Rinne siadsan beag is fiú den scéal mar is dual dóibh in amanna agus caitheadh i dtraipisí é. Ní dhearnadh aon tuairisciú air ar nuacht Ghaeilge RTÉ nó ar TG4 go fiú. Taobh istigh de choicís, áfach, tugadh ardú céime do stádas agus do thábhacht an scéil siocair gur fhoilsigh an *Sunday Independent* é mar scúp ar an chéad leathanach. Peaca marfach d'aon iriseoir é tosaíocht a thabhairt do lucht na hiomaíochta scéal a nochtadh ach ní raibh sé de mhisneach againne ár ngort féin a threabhadh ar an ócáid sin.

Is minic, áfach, gur beag suim leis an phobal i gcoitinne cuid de na scéalta a bhíonn faoi chaibidil againn faoi na heagrais Ghaeilge agus Ghaeltachta nó faoi bheartais an stáit i leith na teanga. Cén dochar nó mura bhfuil an tairseach chriticiúil againn, níor mhór dúinn ar a laghad ar bith freastal maith a dhéanamh ar na hábhair is tábhachtaí dár muintir féin. Caithfear cuimhneamh i gcónaí gur ar mhaithe le pobal na Gaeilge agus na Gaeltachta ba cheart go mbeadh muid ag feidhmiú seachas ar mhaithe le hiriseoirí eile nó le grúpaí sainspéise eile. Níor cheart gur ábhar náire é a bheith ag freastal ar riachtanais an phobail úd, ach a mhalairt. Is chuige sin go príomha a cuireadh ar bun muid. Ceist eile ar ndóigh ná cé chomh maith is a dhéantar an freastal sin.

Ach tá sé de bhuntáiste ag an iriseoir Gaeilge go bhfuil teacht níos fearr aige nó aici ar chultúr, ar thraidisiúin agus ar phobal faoi leith le hais ár gcomhghleacaithe atá ag feidhmiú trí mheán an Bhéarla. Is é an dúshlán atá romhainn ná ár gcuid scéalta a bhogadh ón imeall go dtí an lár. Ba chóir dúinn mar sin suáilce a dhéanamh as ár gcúlráideacht. Mar is chun freastal ar chainteoirí Gaeilge agus chun ardán a thabhairt do chultúr na teanga agus na Gaeltachta na cúiseanna is mó a bhfuilimid ann. Ach is í ár *raison d'être* a scarann amach muid ó fhormhór phobal na tíre nach bhfuil ábalta chéadteanga an stáit a labhairt. Is beag aitheantas náisiúnta atá i ndán mar sin don iriseoir atá ag feidhmiú trí mheán na Gaeilge.

Fadhbanna Teanga

Ní hamháin go bhfuil an ciseán as a mbíonn muid ag tarraingt foinsí agus agallaithe as folamh go maith um an dtaca seo ach tá tobar na n-iriseoirí ionann is tráite fosta. Tá an teanga á tanú i rith an ama agus is tearc duine anois atá fóirsteanach le dul i mbun craoltóireachta i nGaeilge. Sin í an chúis go bhfuil líofacht teanga (idir cheartscríobh agus dhea-fhoghraíocht craoltóireachta) ar an cháilíocht is túisce a mheastar le linn an phróisis earcaíochta. Is tábhachtaí an teanga ná an tsrón sa chás áirithe seo. A fhad is go bhfuil Gaeilge mhaith acu, thig leofa scileanna iriseoireachta a fhoghlaim ar ball beag. Bíonn toradh an chur chuige seo le feiceáil gach aon lá sna meáin Ghaeilge ó iriseoirí áirithe a chuireann níos mó luach i seirbhís aistriúcháin a sholáthar seachas nuacht the bhruite. Seo iad na hiriseoirí céanna a mbíonn drogall orthu tabhairt faoi scéalta conspóideacha ar eagla go gcuirfidís olc ar éinne. Óir is mó tuiscint atá acu ar an modh foshuiteach ná ar mhodh oibre an iriseora pobail.

Ar ndóigh, tá an Ghaeilge éagsúil go maith le teangacha eile sa mhéid is nach dócha go bhfuil mórán daoine ann atá ábalta píosa scríbhneoireachta a scríobh nó píosa tráchtaireachta a dhéanamh a bheadh céad faoin gcéad cruinn ó thús deireadh. An gcloistear riamh daoine ag moladh Bryan Dobson as 'Béarla maith' a bheith aige nó David McCullough as áilleacht a bhlas? Mar sin féin éilíonn na léitheoirí, éisteoirí agus breathnóirí caighdeán ard cruinnis. Tá a leithéid dlite dóibh. Táthar ann ar ndóigh a dhéanfadh beag is fiú de scéalta te bruite ó Woodward agus Bernstein mura mbeadh an cur i láthair ag teacht go huile is go hiomlán le *Gramméar Gaeilge na mBráithre Críostaí*. Nó is mairg don té a thagann salach ar na póilíní teanga.

Bhí sé de mhí-ádh orm a bheith ag obair an lá a thaispeáin *Nuacht RTÉ* íomhánna de chartúin mhaslacha a foilsíodh i nuachtán sa Danmhairg *Jyllands-Posten* in 2005. Mheas eagraíochtaí Moslamacha gur mhasla d'Ioslam ab ea na cartúin agus bhí agóidí ar siúl ar fud na cruinne le cur ina éadan agus tuairiscítear gur maraíodh breis is céad duine mar thoradh. Tháinig treoir ó Phríomh-Stiúrthóir RTÉ an ama, Cathal Goan, nach raibh cead againn aon phictiúr de na cartúin a thaispeáint. Shíl mé go slogfadh an talamh mé mar sin nuair a chonaic mé romham iad ar an scáileán mar chuid de mhír idirnáisiúnta. A luaithe is a chríochnaigh an clár las an fón le bainisteoirí sinsearacha na heagraíochta agus iad uile ag iarraidh sceilp a thabhairt don eagarthóir siléigeach a lig do na híomhánna seo dul ar an aer le linn an fheasacháin nuachta Gaeilge ba mhó lucht féachana sa tír. Dalladh le náire mé. I measc na nglaonna seo uile tháinig ceann ó Ghaeilgeoir aitheanta. Ba le ceann cromtha a d'fhreagair mé é ach más ea is beag cúis a bhí le mo bhuairt. Botún gramadaí a bhí i gceann eile de na tuairiscí a bhí ag déanamh imní dó. Níor thug sé an mheancóg faoi na cartúin faoi deara in aon chor!

Níl aon éalú ó chúrsaí teanga, áfach, agus na heasnaimh agus laincisí a bhaineann leo. Maítear go minic gurb iad na feidhmeanna atá ag na meáin ná eolas a thabhairt, siamsaíocht a chur ar fáil agus oideachas a chur ar dhaoine. Ach i súile go leor de mhuintir na hÉireann, titeann ualach breise ar na meáin Ghaeilge – slánú agus athbheochan na teanga. Ualach nach beag shílfeá. Ar ndóigh ní thig linne an Ghaeilge a thabhairt slán asainn féin ach is sine thábhachtach sa slabhra muid. É sin ráite, níor cheart dúinn riamh neamart a dhéanamh de luachanna traidisiúnta na meán ná de riachtanais nuachta ár sprioclucht éisteachta, féachana agus léitheoireachta. Caithfidh cúis a bheith acu i dtólamh ár gcuid irisí is nuachtáin a cheannach nó breathnú agus éisteacht lenár gcuid clár.

Ní leor mar sin seirbhís aistriúcháin a sholáthar do nuacht atá ar fáil cheana féin ar ardáin eile – nó chun casadh úr a chuir i manna an bháicéara, Mr Brennan: '*Yesterday's news, tomorrow.*' Dá thábhachtaí cruinneas teanga an mhodh seachadta, caithfear aird a thabhairt fosta ar riachtanais nuachta an phobail. Óir tá an baol ann go mbeidh teanga na cumarsáide níos tábhachtaí ná an chumarsáid í féin nó go mbeidh an dóigh a thugtar teachtaireacht níos tábhachtaí ná an teachtaireacht féin. Má tharlaíonn sé sin ní bheidh ionainn ach uirlis athbheochana seachas tionscal bríomhar cumarsáide atá ag soláthar nuachta do phobal teanga gníomhach. D'fhágfadh sé sin nach mbeadh sna meáin Ghaeilge ach club eisiach ina labhraítear teanga rúnda nach dtuigeann éinne ach a gcuid ball – móide corrthreibh phigmithe san Afraic.

Seacht suáilce an iriseora

Pádhraic Ó Ciardha

Deirtear go bhfuil níos mó forbartha tagtha ar theicneolaíocht na faisnéise le scór bliain ná mar a tharla le trí chéad bliain roimhe sin. Is cinnte gur fíor é i gcás na hiriseoireachta. Tháinig agus d'imigh ré an chleite agus an phinn. Cé gur leis an gclóscríobhán a thosaigh mo phrintíseacht féin leis an gceird le Raidió na Gaeltachta, is in iarsmalanna agus i seanscannáin amháin a fheictear an meaisín áirithe anois. Ní miste sin.

D'imigh sin agus tháinig seo. Is iomaí athrú chun feabhais atá curtha ag an nua-theicneolaíocht ar chleachtas laethúil an iriseora. Go deimhin, tá an oiread sin ardán ann anois ina bhfuil scéalta á bhfoilsiú gur deacair meabhair cheart a bhaint as na teidil atá ag lucht inste na scéal seo le cur síos ar a gceird. Agus mé ag léamh fógra sa *Guardian* le gairid do chúrsaí oiliúna d'iriseoirí, caithfidh mé a admháil nár thuig mé ach beagán de na teidil ghalánta a bhí ar na saoithe a bheadh i mbun an chúrsa – idir 'áisitheoirí físiúlachta' agus eile. Oisín i ndiaidh na Féinne arís, is dóigh.

Bhí an tráth ann agus b'iomaí sin áis thagartha a bhí riachtanach duit agus tú i mbun do chuid oibre mar iriseoir. Mura raibh na leabhair agus na foilseacháin eile seo (Taifead oifigiúil Thithe an Oireachtais, mar shampla) faoi do láimh, ba é do leas a bheith in aice dea-leabharlainne mar go mbeadh ort na foinsí údarásacha seo – idir leabhair, irisí, fhoclóirí, chiclipéidí agus eile – a cheadú le bheith cinnte go raibh do chuid tuairisceoireachta cruinn, beacht agus bunaithe ar an bhfírinne. Bhí leat más ag mórchraoltóir nó nuachtán náisiúnta a bhí tú fostaithe: bheadh na hacmhainní sin ar fad ar fáil duit agus comhairle ó do chomhghleacaithe faoin leas ab fhearr a bhí le baint astu. Más ar bhonn éigin eile a bhí tú ag obair, ba mhór an bac gan na nithe seo ar fad a bheith ar fáil duit ar do chaoithiúlacht.

Tá an lá sin caite agus cuireann an tIdirlíon agus r-phost ar ár gcumas teacht ar fhíricí agus ar fhoinsí eolais ar iompú na boise agus i bhfaiteadh na súl. Mar sin féin, cé go bhfuil méadú agus feabhas as cuimse tagtha ar an teicneolaíocht agus go bhfuil uirlisí cabhracha agus tacaíochta as cuimse ar fáil nach raibh ann roimhe seo, níl aon athrú suntasach tagtha ar na tréithe pearsanta agus ar na suáilcí is gá don dea-iriseoir a bheith aige/aici, cuma cé acu gné den cheird atá á cleachtadh.

Is é nádúr an duine nach dóigh go mbeidh gach ceann de na tréithe seo ag éinne againn. Dá réir sin, beidh ar dhuine dua agus allas a chaitheamh á fheabhsú féin sna gnéithe sin nach dtagann go nádúrtha leis. Comhairlíonn an seanfhocal dúinn, áfach, gur namhaid an cheird gan í a fhoghlaim agus ní miste dúinn a thuiscint ón tús go mbeidh obair fhorbartha i gceist go dtí lá scríofa an scéil deiridh.

Glactar leis freisin san alt seo go bhfuil an t-iriseoir eolach air agus géilliúil do Chód Cleachtais a cheirde agus a fhostóra. Ní hionann, áfach, a bheith eolach ar Chód agus a bheith ábalta an obair a dhéanamh.

1. Fiosracht

Measaim féin gurb í seo an tréith is tábhachtaí agus is bunúsaí ar fad d'aon iriseoir. Is minic gur mar dhuáilce a luaitear í sa ngnáthshaol. Ní maith linn daoine a bhíonn ar thóir eolais uainn, go háirithe nuair is faisnéis í nár tairgeadh ón tús (nó nár luaigh muid ar chor ar bith).

Don iriseoir, áfach, is í an fhiosracht tús agus foinse na ceirde. Bíonn an dea-iriseoir fiosrach faoin saol agus faoi scéalta atá i mbéal an phobail (nó nach bhfuil). Ceistíonn sé. Fiosraíonn sé. Bíonn sé amhrasach. Faigheann sé amach cén fáth a bhfuil rudaí mar atá. Uaireanta, éiríonn leis deis a thabhairt don phobal léargas a fháil ar bhealach ina bhféadfaí rudaí a fheabhsú.

Is cuimhin liom a bheith ar bhord agallaimh d'earcú iriseoirí do cheann de na meáin náisiúnta. Ceistíodh iarrthóirí faoina dtaithí ar theach na cúirte nó ar chruinnithe den údarás áitiúil ina gceantar dúchais. Bhí cuairteanna chucu sin tugtha ag cuid acu – ach ba léir gur beag suim a bhí ag iarrthóirí eile a bheith ag cur a gcuid ama 'amú' lena leithéid de chaitheamh aimsire. Ceann de mhórphléisiúir an tsaoil agam féin nuair a bhainim baile beag tuaithe amach ná cóip den nuachtán áitiúil a cheannach chun na cásanna cúirte ann a léamh (agus na tuairiscí ar chruinnithe na n-údarás áitiúil). Cuireann siad go mór lenar dtuiscint ar chultúr na háite.

Bíonn amhras ar an dea-iriseoir i gcónaí faoin míniú oifigiúil a thugann 'foinsí údarásacha' i leith aon scéil. Is bunchuid dá chúram a oibriú amach cé mhéad den fhírinne atá sa fhreagra 'oifigiúil' a thugtar dó ar aon cheist.

Agus mé ag obair in oifig Aire Rialtais, thit sé ar mo chrann go minic Nuachtráitis a dhréachtú maidir leis an togra áirithe lena raibh mé gafa. Ghlac mé leis go mbeadh sruth rialta ceisteanna chugam tar éis gach eisiúna ina mbeadh iriseoirí ar thóir soiléire nó breis eolais faoi nithe a bhí luaite (nó fágtha ar lár ar fad) sa ráiteas. Is trua liom a rá nach cuimhin liom gur tháinig oiread agus fiosrúchán amháin den chineál seo chugainn. Ba dheas liom a cheapadh gur cruthúnas an tost seo ó iriseoirí go raibh cruinneas agus cuimsitheacht ar leith ag roinnt leis na ráitis ... ach tá míniú i bhfad níos simplí ar fáil freisin, faraor. Léigh siad a raibh eisithe agus chreid siad a raibh scríofa. Ní mar seo a thagann iriseoir ar scéal. Is gnách go bhfuil portán éigin fónta ar fáil don té a chuireann an dua air féin a lámha a fhliuchadh agus an chloch a iompú.

Cé go bhfuil athrú tagtha ar an modh ceapacháin do chomhaltaí boird na bhforas stáit, is minice a nochtann iriseoirí níos mó suime i gcúlra pearsanta agus polaitiúil na ndaoine a cheaptar (rud atá fós an-suimiúil) ná i ról reachtúil an fhorais féin (eolas atá ar fáil go furasta ach dul sa tóir air). Gan buntuiscint ar aidhm an eagrais, is doiligh duit scríobh (ná labhairt) go húdarásach faoina bheith imithe ar strae.

2. Eagar agus Taighde

Is mangaire fíricí é an t-iriseoir ar mhórán slite. Bíonn a chloigeann (agus a ríomhaire) lán le nótaí, gearrtháin, ráitis, luaidreáin, féidearthachtaí agus sonraí teagmhála – nó ba cheart go mbeadh! Is iad seo amhábhar na ceirde. Ní fada a bheidh tú i d'iriseoir go dtuigfidh tú nach féidir iomlán an amhábhair a úsáid i scéal an lae inniu. Bíonn gach scéal níos giorra ná mar ba mhaith leis an iriseoir a d'ullmhaigh é agus ní miste sin. Is den chríonnacht é an t-amhábhar ar fad a choinneáil i do stór cuimhne. Is fánach an lá nach mbeidh cuid éigin de tairbheach duit ar scéal éigin eile (nó leagan nua den scéal céanna a thiocfaidh faoi bhláth amach anseo).

Tá níos mó i gceist anseo ná córas maith cartlainne a bhunú agus a oibriú – bíonn an t-iriseoir ag bailiú leis i gcónaí ar nós an iora rua atá ag ullmhú don gheimhreadh. Tugann a cheird doras isteach dó chuig ionaid agus ócáidí nach bhfuil ceadaithe do a lán. Is é dúshlán an iriseora an leas is fónta a bhaint as an gcead isteach sin – ní hamháin do riachtanais an lae áirithe sin ach don lá is faide anonn.

3. Teagmhálaithe

Agus mé i m'iriseoir óg in RTÉ, ba mhinic mé in éad le mo chomhghleacaithe a raibh leabhar téagartha teagmhálaithe aige/aici. Bhí mé tamall maith ag obair ann sular tuigeadh dom nárbh é tiús an leabhair ná líon na n-ainmneacha ann ba thábhachtaí ach cumas an úinéara teacht ar na daoine a bhí luaite ann – agus fios aige go bhfreagrófaí a ghlaoch ar uair an mheán oíche nó ar mhaidin Domhnaigh.

Cé gurb iad na fíricí cnámha an scéil i gcónaí, is gnách gur ó bhéal duine a fhaigheann an t-iriseoir an rud a chuireann craiceann air agus a dhéanann do scéal-sa as. Bíonn tú ag brath ar dhaoine eile do scéalta – agus cé nach gá agus nach ceart a bheith i bpóca éinne, ní bhfaighidh tú aon scéal mura bhfuil aithne ag daoine ort agus muinín áirithe acu asat. Ní tharlaíonn sin faoi dheifir ná gan dua.

Coinnigh bunachar teagmhálaithe agus bíodh rangú agat ann, ní hamháin ar shonraí teagmhála an duine agus a theideal oibre – ach ar a chineál agus a chumas. An duine é a bhfuil meas aige ar d'fhostóir/stáisiún/nuachtán? Cé na scéalta eile a raibh sé bainteach leo? An bhfuil suim aige i réimsí eile saineolais agus an mbíonn sé ag freastal ar ócáidí eile a dhéanfadh foinse mhaith do scéalta ar ábhair eile?

Cuir aithne ar thriúr nó ceathrar polaiteoirí óga as gach páirtí agus cá bhfios faoi cheann deich mbliana nach mbeidh Airí Rialtais i measc do chuid teagmhálaithe. Is doiligh aithne a chur orthu den chéad uair nuair atá siad i gcumhacht!

4. Teacht i láthair agus béasa

Ní cuimhneach liom gur luaigh éinne iad seo riamh liom agus mé ag tosú amach ar bhóthar na hiriseoireachta. Is trua sin. Is tar éis dom éirí as an gceird mé féin agus dul ar thaobh eile an bhoird a tuigeadh dom an damáiste a dhéanann iriseoirí dóibh féin, dá bhfostóirí agus dá lucht féachana/

éisteachta/léitheoireachta lena n-easpa cúirtéise agus lena sotal.

Tá an t-iriseoir ag obair in earnáil na seirbhísí – is ar dhaoine atá sé ag freastal agus is ó dhaoine a fhaigheann sé a chuid scéalta den chuid is mó. Ná dearmad go deo gur deise le gach éinne déileáil le duine atá múinte béasach ná duine glórach borb. Is túisce a ligfidh duine a rún le duine suaimhneach tuisceanach ná le cantalán a bhfuil deifir air agus atá ag cur isteach ort de shíor lena chuid tuairimí baoise féin.

Tá cúis go bhfuil dhá chluais agus dhá shúil ar iriseoir agus gan aige ach béal amháin – is tábhachtaí a dtagann chugat ná uait.

5. Misneach

Seo, b'fhéidir, an tréith is riachtanaí ar fad don iriseoireacht. Bíonn an fhírinne searbh agus is minic fear nó bean na fírinne faoi bhrú agus faoi achasán. Is é an brú seachtrach an ceann is follasaí agus is minic fórsaí láidre ag tacú leo sin nach suim leo do scéal nó atá ag iarraidh é a chur ar ceal nó ar athlá (agus is minic gur ionann an dá rud sin). Más fiú leatsa rud a fhógairt, gach seans gur fiú le duine éigin eile nach bhfógrófaí é.

Ach ar bhealach, tagann brú níos goilliúnaí fós ar an dea-iriseoir – brú faoi chló eile, an t-iarratas scéal nó gné de a chur ar leataobh – 'ar mhaithe le leas an phobail' nó 'chun pian a sheachaint do dhaoine gan urchóid.' Anois tagann sé i gceist uaireanta go bhfuil cúis mhaith le rud a rá ar bhealach amháin seachas ar bhealach eile ach is é ról an iriseora teacht ar na fírící agus iad a chraobhscaoileadh gan fuacht ná faitíos. Ní tharlaíonn sin gan phian uaireanta.

Is ar a phobal atá an t-iriseoir ag freastal. Má tá faoi a bheith dílis don phobal sin, ní foláir dá shaothar daoine aonaracha a ghortú uaireanta, b'fhéidir, cé nach é sin a chuspóir ná a aidhm.

Bhí an ceart ag an té a dúirt gurb í an dea-iriseoireacht an scéal nár theastaigh ó lucht ceannais a fhoilsiú. Bí ullamh agus sásta an brú sin a sheasamh agus do chás a chur i láthair do chuid sinsear féin le go seasfaidh siad leat agus do scéal a fhoilsiú.

Is duine misniúil freisin, dar ndóigh, a admhaíonn go raibh dul amú air agus níl aon mhonaplacht ag iriseoirí ar an bhfírinne. Ainneoin na gCód Cleachtais agus na gCód Iompair ar fad, is dóigh, luath nó mall go ndéanfaidh tú botún anois is arís. An ceann is measa ar fad ná é a shéanadh.

6. Discréid

Ní suáilce í seo a luaitear go minic le hiriseoirí mar go bhfuil an cháil orthu gur dream béalscaoilte, béadánach iad a chaitheann a saol i dtithe tábhairne, ag sioscadh agus ag cabaireacht faoi pholaiteoirí, lucht teilifíse agus maithe agus móruaisle gnó.

Tá rian den fhírinne anseo, dar ndóigh. Fágann an obair laethúil go bhfuil an t-iriseoir i gcomhluadar na ndaoine cumhachtacha go rialta – ach is mairg don iriseoir a mheasfadh gur ionann sin agus bheith ina gcara acu ná ar comhchéim stádais leo. Is chun a leas féin a chothaíonn an duine cumhachtach an tuairisceoir agus an craoltóir. Fad is go dtuigeann tú sin ón tús, beidh leat.

Tugann an chuairt mhinic seo ar ghnáthóg na cumhachta *entrée* don iriseoir agus is féidir leis teacht i dtír ar an eolas agus ar na blaisíní cumhachta a chastar ina bhealach. Seachain, áfach, nach n-íocann tú praghas ró-ard ar an gcead isteach seo – agus go bhfuil do chuairt mhinic ag dalladh do chumas critice nó nach bhfuil do dhúil i gcomhluadar na n-uachtarán ag bogadh d'aire ón scéal a thug ann tú an chéad uair riamh.

Ní gá gach a bhfaca tú an chéad lá a thuairisciú an chéad lá. Coinnigh do chomhairle féin ar nithe áirithe agus beidh lá eile ann agus scéal eile le hinsint an lá sin.

7. Foighne

Mairimid i ré na síorghluaiseachta. Tá deifir ar dhaoine agus fonn orthu go minic an chéad rud eile a dhéanamh sula bhfuil an rud atá idir lámha acu faoi láthair tosaithe i gceart acu ar chor ar bith. Treisíonn na nua-mheáin an fuadar seo agus cainéil nuachta ag craobhscaoileadh 'nuachta' ar feadh an lae agus na bliana. Is doiligh anois do scéal a aimsiú agus fanacht go suaimhneach go maidin lá arna mhárach lena léamh sa nuachtán. An té a fhanann, is minic é scúpáilte.

Ach is fiú fanacht uaireanta. B'fhéidir nach é an scéal atá agat inniu an ceann mór ar chor ar bith agus cá bhfios nach bhfuil sa mhéid a d'aimsigh tú ach an runga is ísle ar dhréimire scéil a bhfuil iontas na n-iontas ag a bharr. Ní tréith í an fhoighne atá luaite le go leor d'iriseoirí na linne seo ach déan staidéar beag ar mháistrí na ceirde agus gheobhaidh tú amach nach fás aon oíche a bhí sna scéalta is fearr a thug siad chun solais. Is iomaí scéal maith a bheadh níos fearr fós dá bhfanfadh duine lá nó dhó.

Conclúid

Níor rugadh fós an t-iriseoir foirfe. Ní bhíonn saoi gan locht ach is cinnte go bhfuil ról an iriseora níos tábhachtaí ná riamh i saol corrach na linne seo. Is fiú tabhairt faoi agus cé nach bhfuil aon bharántas ann go n-éireoidh leat, is cinnte go mbeidh neart scéalta agat – ach na cluasa agus na súile a bheith oscailte agat agus an béal dúnta go dtí go bhfuil tráth labhartha ann.

140 carachtar: na meáin shóisialta agus an t-iriseoir

Máirín Ní Ghadhra

140 carachtar; sin an méid a cheadófar duit agus tú ag scríobh tvuít. Ciallaíonn sé go gcaithfidh do chuid tuairimí/moltaí/dearcaí a bheith gonta agus níos minice ná a mhalairt scríofa i dteanga nó litriú nach bhfuil mórán cosúlachta aige leis an teanga chumarsáide. Ainneoin an méid sin chuirfeadh sé iontas ort cé chomh sciobtha agus a thagann tú isteach ar an nósmhaireacht a bhaineann le tvuíteáil. Gan trácht ar an méid ama atá tú sásta a chaitheamh ag léamh teachtaireachtaí beaga gonta ó dhaoine nach bhfuil aithne dá laghad agat orthu agus ansin ... á bhfreagairt!

Is domhan ann féin domhan na tvuíteála – tá sraith iomlán de dhaoine a bhíonn i mbun tráchtaireachta a roinneann a gcuid tuairimí tríd an suíomh Idirlín seo anois seachas an nós a bhíodh ann lá den saol litir a scríobh chuig an bpáipéar. Cuireann sé seo ar fad luas nua faoin gcumarsáid i measc iriseoirí, tráchtairí agus polaiteoirí ach ní gá i gcónaí gur chun leasa na meán ná ár dtuiscint ar scéal a leithéid.

Níl againn ach cuimhneamh ar an méid a tharla le feachtas thoghchán na hUachtaránachta in 2011 agus an chonspóid a bhain leis an gceangal a bhí ag Seán Gallagher le Fianna Fáil agus modhanna bailithe airgid an pháirtí. Tháinig tvuít isteach chuig an gclár teilifíse *Frontline* inar cuireadh líomhaintí ina leith agus léadh an tvuít amhail agus go raibh iomlán na fírinne ann, is é sin le rá gan na fíricí a bhain leis a dhearbhú i dtús báire. Agus sin an áit a bhfuil an buille ... tá an oiread deifre ar chuile dhuine anois ag iarraidh an ceann is fearr a fháil ar na meáin eile nó an scéal is nua a fháil go mbíonn cathú ann géilleadh do theachtaireacht bheag ghiortach a thagann isteach ar scáileán nach bhfuil tú cinnte de go fóill. Tá daoine den tuairim fós go mbeadh an toghchán buaite ag Gallagher murach gur léigh Pat Kenny amach tvuít ó chuntas bréige. Go pearsanta, déarfainn gur mó dochair a rinne freagra Gallagher dá chás ná an méid a bhí curtha ina leith!

Tá sé ina nós ag daoine rudaí a fhógairt anois ar Twitter agus ráitis a eisiúint. Ach tá an deis ann freisin mar nach gá duit d'ainm féin a úsáid le tú féin a chur i láthair ar an suíomh ag daoine a bhfuil fonn orthu mioscais a chothú nó dochar a dhéanamh teachtaireachtaí a sheoladh amach ar fud an domhain mhóir le go léifidh daoine eile iad. Agus beidh méid áirithe daoine a chreidfidh iad cuma cé chomh háiféiseach agus atá siad. Le gairid b'éigin don BBC tvuíteáil nach raibh eagarthóir an chláir *Newsnight*, Peter Rippon, briste as a phost mar gheall ar scannal Jimmy Savile mar gheall go raibh an *'twittersphere'* lán le tuairimí go raibh. Ar ndóigh, d'éirigh sé as an lá arna mhárach ach is ar Twitter a thosaigh an cogarnach. Is iomaí sin duine atá éirithe as an BBC mar gheall ar an scéal céanna ó shin agus bhain cuid den mhíchúram a tharla do *Newsnight* agus don láithreoir Philip Schofield leis an mbís atá ar dhaoine anois a chinntiú gur acu féin a bheidh an chéad leagan de scéal. (Thug Schofield liosta de dhaoine a measadh a bheith ina bpéidifiligh don Phríomh-Aire David Cameron ar an gclár *This Morning* ar ITV agus bhí an lucht féachana in ann ainm an Tiarna McAlpine a léamh cé nach raibh bunús ar bith leis na líomhaintí ina éadan.) Cultúr nua na tvuíteála a fhágann go bhfuil luas lasrach faoi eisiúint agus foilsiú eolais anois nach dtugann mórán deise fírinne agus substaint scéil a chinntiú agus a dheimhniú.

Má tá tú ag leanúint feachtas toghcháin sa lá atá inniu ann caithfidh tú súil a choinneáil ar Twitter mar go mbíonn go leor ráiteas á ndéanamh agus go gcuirtear eolas ar fáil faoi imeachtaí atá ag tarlú. Ach níl ann ach foinse eile eolais. Ní bhuailfeadh an diabhal a bheith i láthair ag na hócáidí a bhfuil suim agat iontu agus ag deireadh an lae céard a fhéadfaidh tú rá in 140 carachtar?

Nuair a thosaigh mise ag obair sa chraoltóireacht an chéad scil a theastaigh uaim a fhoghlaim ná cén chaoi le ham a líonadh. Mar bholscaire leanúnachais in 1989 ní raibh aon *sting, cart* ná aon torann leictreonach eile a líonfadh cúpla soicind ar scáileán ar d'aghaidh amach. Go deimhin, is minice ná a mhalairt a tharlaíodh tubaiste leis an bpíosa ceoil a bhíodh socraithe le casadh ar fhadcheirnín (Sea ceirnín, cé mhéid duine ar cuimhin leo iad sin a úsáid?) nuair a bhí tú ag brath air.

Samhlaigh nuair a bhíodh craoltaí seachtracha á ndéanamh sna blianta sin; ní raibh caint ná trácht ar Wi-Fi, 3G ná ISDN. Bhíodh Aonad Craoltaí

Seachtracha ann agus chaití am agus dua lena bhfeistiú. Ní raibh guthán póca á iompar ag chuile dhuine agus an chumarsáid sách ciotach go minic dá réir. Cuimhnigh mar sin ar bholscaire leanúnachais an Domhnaigh i Raidió na Gaeltachta; nuair a bhíodh Aifreann an Lae thart (*phew!*) b'fhéidir go mbeadh clár ag teacht ón Oireachtas nó ón bhFleadh Ceoil agus ansin chaití an tráthnóna ag plé le spórt ó cheann ceann na tíre. Ba ghrá Dia é go mbíodh láithreoir an chláir spóirt lonnaithe i gCasla formhór an ama ionas go bhféadfá an stiúideo a fhágáil. Ach le linn Chomórtas Peile na Gaeltachta nó laethanta cluiche ceannais ... ní raibh deis agat an stiúideo a fhágáil ar fhaitíos na timpiste. Agus nuair a tharlaíodh an timpiste bíodh óráid bhreá fhada faoi réir agat go háirithe dá dtiocfadh an seinnteoir ceirníní id aghaidh. Tá sé anois an 5 a chlog tráthnóna agus ... ó sea, an nuacht agus na réigiúin ar fad le ceangal.

Is beag tuiscint atá ann dáiríre ar an éacht a rinne Raidió na Gaeltachta agus na naisc ar fad atá cothaithe ar bhonn teicniúil ó chuaigh an stáisiún ar an aer. Mar atá luaite agam shíleamarna in 1989 go raibh feabhas iontach tagtha ar chúrsaí thar mar a bhíodh sna chéad laethanta ach Dia á réiteach mura bhfuil an saol athraithe ó shin. Ní minic a rinne mise obair don rannóg spóirt ach is é mo sheanchuimhne blianta ó shin freastal ar chluiche peile i mBaile an Chláir nó i nDroichead an Chláirín. Bhí an Spidéal ag imirt cluiche i gcraobhchomórtas na Gaillimhe agus ní raibh aon duine eile ar fáil le freastal air. Dúirt mé féin go mbeinn ag dul ann ar aon nós ... agus dúradh go dtabharfaí guthán soghluaiste dom le cúpla tuairisc a chur aníos chuig an gclár spórt tráthnóna Dhomhnaigh. Bhí seacht gcroí agam féin agus b'fhada liom go mbeinn ag seasamh ar thaobh na páirce le mo ghuthán le mo chluas. Ach go bhfóire Dia orainn ... bosca mór a raibh aeróg ag gobadh amach as agus é chomh trom le luaidhe. Ní raibh baol ar bith go ngabhfadh sé seo amú ort nó go dtitfeadh sé faoi shuíochán an chairr mar a tharlaíonn dom ar bhonn laethúil ó shin!

Tá réabhlóid tarlaithe sa teicneolaíocht le blianta beaga anuas agus go háirithe i réimse na cumarsáide ach ní gá gur dea-rud ar fad é sin. Ní bhuailfeadh tada suí síos le páipéar nuachta nó leabhar agus iad a léamh. Cinneann sé ormsa na páipéir a léamh ar scáileáin bheaga. Anailís agus scagadh ar scéalta an ról is mó a fheictear domsa do na nuachtáin i saol na linne seo go háirithe ag an leibhéal náisiúnta. Is beag ceannlíne a fheicfidh tú ar nuachtán anois nach bhfuil bunús an scéil cloiste agat cheana féin an lá roimhe, má leanann tú na meáin shóisialta. Is le feoil a chur ar na cnámha a bhíonn an scéal agat sa nuachtán agus tuiscint níos fearr a fháil ar an gcomhthéacs.

Ach is fiú an cheist a chur: an bhfuil ceird na hiriseoireachta feabhsaithe mar thoradh ar na háiseanna nua seo ar fad? Níl aon amhras ach go gcuidíonn an réabhlóid áiseanna teicniúla linn eolas a chruinniú ar bhealach níos sciobtha agus go bhfuil muid in ann tuairisciú a dhéanamh ar scéalta ó cheann ceann na cruinne mar go bhfuil preasócáidí á gcraoladh beo ar an idirlíon agus daoine ag tvuíteáil faoi ábhar an scéil. Ach tá easpaí ag baint leis an gceird nua-aimseartha freisin sa mhéid agus go gcaitheann daoine a saol ag breathnú ar scáileáin nó i ngreim sa ghuthán póca. Ní labhraímid le chéile mórán níos mó cé go bhfuilimid in ann a bheith ag seoladh teachtaireachtaí chuig strainséirí ó cheann ceann an domhain trí Twitter. Go leor den cheird a bhain le hiriseoireacht san am a caitheadh bhí sé bunaithe ar chomhráití i gcúinní dorcha, i dtithe tábhairne go minic inar roinneadh blúire eolais a bhí mar bhunús le scéal nó agallamh nó sraith a chuaigh i gcion go mór ar an saol nó ar an domhan.

Tá na blúirí fós á roinnt ach i bhfoirm teachtaireachtaí gonta 140 carachtar ar ríomhaire agus an scéal scaipthe ar fud an domhain in imeacht soicindí. Ach is minic a théann tábhacht na mblúirí eolais amú mar go bhfuil daoine bogtha ar aghaidh go dtí an chéad bhlúire eile! Is ansin atá deis ag na meáin thraidisiúnta iad féin a choinneáil chun cinn ar an luas lasrach atá leis an gcumarsáid sa lá atá inniu ann. Tá deis ag daoine nach bhfuil faoi gheasa ar fad ag an tvuít an t-eolas a léamh sa pháipéar agus machnamh agus anailís a dhéanamh air. Tá deis acu breathnú ar chlár cúrsaí reatha ina ndéantar cíoradh ar chomhthéacs agus tábhacht ráitis nuair nach bhfuil siad ag rith i ndiaidh a gcinn rompu ag iarraidh coinneáil suas leis an mblúire is déanaí.

Tá an chuid is mó den saol anois bunaithe ar luas agus ar nuálaíocht. Caithfear rud a eisiúint, a thuairisciú agus a fheiceáil sula mbeidh sé seanchaite. Ach tá an tréimhse ina meastar rud a bheith seanchaite ag laghdú go síoraí. Tuigeann polaiteoirí é seo agus tá an bealach a ndéanann siadsan a gcuid oibre curtha in oiriúint don deifir atá ar iriseoirí acu. Ach an bhfuil substaint na n-ábhar ag dul amú orainn go minic mar nach nglacann muid nóiméad le staidéar a dhéanamh ar scéal, ar thuairisc ná ar ráiteas? An ndéanfadh sé dochar ar bith dúinn an gléas tvuíteála a chur de leataobh corruair agus labhairt leis na daoine atá lárnach sa scéal.

Fadhb eile a léirigh cás Shéan Gallagher dúinn ná an baol a bhaineann leis na meáin seo a úsáid gan dóthain iniúchta a dhéanamh ar na foinsí as a dtagann siad. Ó tharla nach gá duit d'ainm féin a úsáid mar ainm úsáideora ar an suíomh caithfidh an té a bhíonn ag léamh na dteachtaireachtaí a bheith cúramach faoin áit as a dtagann siad.

Idir Twitter, Facebook, WikiLeaks agus an iliomad suíomh nua eile tá deacrachtaí móra cruthaithe do na húdaráis ar fud na cruinne. Leagan amháin den scéal an toirmeasc a bhíonn ar shuímh dá leithéid in áiteanna a dteastaíonn ón réimeas saoirse cainte a chur faoi chosc; níl againn ach sampla an Earraigh Thoir a lua leis an tairbhe a bhain lucht na n-agóidí as na meáin seo a léiriú. An leagan eile den scéal is dócha ná na nithe a tharla sa Bhreatain as ar eascair Binse Fiosraithe Leveson. Níl aon rud príobháideach sa saol a thuilleadh – tá daoine, agus go háirithe an ghlúin a d'fhás aníos in éineacht leis na meáin nua seo, sásta chuile ghné dá saol a phlé agus a reáchtáil os comhair an phobail. Comhartha sóirt den chineál nua saoil seo freisin is ea na cláir 'réaltachta' teilifíse atá ag teacht chun cinn. B'fhearr le daoine a bheith ag faire ar a bhfuil ar siúl ag na comharsana ná a bheith cruthaitheach. Tá sásamh éigin ag baint le chuile shórt a bheith ag tarlú láithreach, ar an toirt.

B'fhéidir, ar a shon sin, go gcruthaíonn sé sin dúshláin do dhaoine sna meáin thraidisiúnta gan an claonadh seo a leanúint agus an tairbhe a bhaineann le rudaí a dhéanamh go mall, go maith agus go snasta. B'fhéidir, dá seasfadh daoine siar ón síor-ionsaí seo ó mheáin nua-aimseartha go dtuigfí go bhfuil suim ag daoine éisteacht i gcónaí le scéalta a insítear ar bhealach níos moille. Breathnaigh ar chomh hiontach agus atá ag eirí leis an gclár *Downton Abbey* le tamall de bhlianta. Sraith é seo atá lonnaithe sa stair agus a bhfuil daoine ag caint faoi síoraí seasta mar gur annamh a fheiceann siad a leithéid níos mó. Chomh maith leis an dráma tá léargas le fáil ann ar ré eile atá dearmadta agus b'fhéidir nach aon dochar é sin dúinn ar fad.

Tá beagán amhrais ar na meáin thraidisiúnta, de bharr ar tharla maidir le Seán Gallagher agus an Tiarna McAlpine agus samplaí eile nach iad, dul an iomarca i muinín na ráiteas a chuirtear amach ar Twitter ach tá go leor stáisiún – muid féin i Raidió na Gaeltachta san áireamh – a bhfuil sé faighte amach againn gur áis iontach iad na meáin shóisialta le poiblíocht a dhéanamh ar a gcuid oibre chomh maith le cuiditheoirí clár a aimsiú.

Bainim féin úsáid rialta as na meáin shóisialta, go háirithe as Twitter, le blúirí eolais a aimsiú agus le daoine a lorg a d'fhéadfadh píosaí a dhéanamh linn i dtíortha iasachta nó ar ábhair nua. Is fánach an áit a bhfaighfeá gliomach ach tá mise ag rá leat go bhfuil an *Tweet Machine*, mar a thugann Vincent Browne air, thar a bheith úsáideach go minic! Cáineadh a dhéantar go minic ar na meáin shóisialta ná go bhfuil an iomarca ómóis á léiriú ag na meáin don sciar beag den phobal a úsáideann iad. Is deacair sárú ar na figiúirí ach tá sé soiléir – go háirithe i gcás Twitter – go gcreideann an *commentariat* go bhfaigheann an scéal aird má théann sé ar líne. Sampla eile é seo b'fhéidir den chaidreamh compordach idir na meáin agus lucht tráchtaireachta agus an pholaitíocht. Is dócha gurb é an rud faoi nach bhfuil brú ar aon duine géilleadh do na meáin ar bhealach ar bith agus gur as lámh a chéile is fearr a oibríonn siad. Ní dóigh liom go gcuirfidh na meáin shóisialta deireadh le nuachtáin ach cuirfidh said i dtreo na hanailíse iad seachas na gceannlíne móra.

Is beag maidin anois nach mbreathnaím ar scáileán éigin le Twitter a sheiceáil ach ní hin le rá go bhfuil mo shaol ar fad faoi gheasa aige. Tá gléas ar iompar ag an gcuid is mó againn anois a bhfuil nasc chuig na meáin shóisialta air agus seachas an fón a bheith le fágáil sa mbaile le linn laethanta saoire is iad na scáileáin atá le fágáil sa mbaile! Chaillfí go leor daoine gan an tvuít – is trua ar bhealach go bhfuil an oiread sin tionchair aige ach caithfidh mé a admháil go n-airím féin uaim é mura gcaithim mo shúil air uair sa lá!

Ceachtanna a d'fhoghlaim mé

Rónán Mac Con Iomaire

Ba é eagarthóir an chláir nuachta a bhí ar an bhfón.

'Tá monarcha de chuid Bhord na Móna tar éis dúnadh thuas i Ros Comáin, daoine dífhostaithe. Déan deifir suas ann, is scéal mór é seo.'

Sa veain a bhí mé leis an gceamaradóir nuair a fuair mé an glaoch. Rinne muid deifir suas. Ba é seo go díreach an cineál scéil a bhí mar bhunchloch ag *Nuacht TnaG* ag an am, gan an tseirbhís ar an aer ach bliain go leith. Buille tubaisteach do cheantar tuaithe, 'súil eile' ar phobal nach mbeadh le feiceáil sa nuacht go hiondúil. Scéal a bhain le hiarthar na hÉireann seachas leis an nGaeltacht.

Thóg sé uair go leith teacht chomh fada leis an monarcha i ndeisceart Ros Comáin. Tháinig muid ar an bhfoirgneamh tapa go maith, seanfhoirgneamh meirgeach ar imeall an bhaile, dhá charr páirceáilte ar shráid mhór fholamh. Bhí glas ar an doras. Bhuail mé cnag air, agus tar éis nóiméad nó dhó, d'oscail fear meánaosta é.

'*Howye,*' a deirimse leis. '*My name is Rónán and I'm from TnaG news. I hear this place has closed down.*'

'*You've heard right,*' a deir sé ar ais. '*It's closed alright ... closed for the past two years.*'

'*Oh.*'

Chas mé timpeall agus chuaigh mé ar ais ag veain an cheamaradóra. 'Tá muid gan scéal,' a deir mé. Ghlaoigh mé ar an eagarthóir. D'inis mé dó gach ar thit amach. 'Tá muid gan scéal,' a deir mé arís.

'Ó,' a deir sé, agus ciúnas ar an taobh eile den líne. 'Bhuel... tá scéal ansin ann féin. Coinnigh ort leis.'

'Cén chaoi "coinnigh ort leis"? Cén chaoi ar scéal nuachta atá ann,' a d'fhreagair mé gó mífhoighneach, 'agus an bloody monarcha dúnta le dhá bhliain?'

'Bhuel ... cén chaoi a bhfuil sé ag cur as don phobal, don scoil, do na daoine?' a d'iarr sé agus an bhearna ina chlár nuachta níos soiléire dó faoin am seo ná an t-easnamh iomlán nuachta a bhain leis an scéal. Go drogallach, lean mé a chomhairle, thug mé faoin scéal. Faoin am a raibh an pacáiste nuachta críochnaithe, bhí leanaí bunscoile le feiceáil ag damhsa ann, daoine ag casadh ceoil más buan mo chuimhne, agus mise i bpoll portaigh ag a dheireadh ag caint os comhair ceamara, agus cuma thar a bheith míshásta orm. D'fhoghlaim mé an lá sin go raibh mé réidh le *Nuacht TnaG*.

D'fhoghlaim mé roinnt blianta ina dhiaidh sin nach raibh an ceart agam, nach raibh mé réidh le *Nuacht TnaG*, nó TG4 mar a bhí ann faoi sin. Tá mé ag foghlaim ó shin. Is cuma céard atá ar bun agat sa saol, ní stopann tú ag foghlaim, agus tá sé sin chomh fíor, nó níos fírinní don iriseoir, b'fhéidir, ná mórán aon cheird eile. Tá scéalta ag athrú chuile lá, teicneolaíocht ag athrú, comhthéacs ag athrú, agus tagann foghlaim leis an athrú sin.

Bhí go leor le foghlaim agam go cinnte nuair a thosaigh mé le Nuacht TnaG in 1996. Bhí tuairim agus cúig dhuine déag againn sa mbád céanna agus muid i mbun traenála sna trí mhí sula ndeachaigh an stáisiún ar an aer. Ní raibh aon scileanna teilifíse agam. Ní raibh mé in ann tiomáint. Ba rud rialta a bhí i dtimpistí bóthair ag an ngrúpa againn agus muid ag tosú amach. Go deimhin, scrios bean amháin ceithre charr ag taisteal idir Gaillimh agus Baile na hAbhann sa chéad bhliain sin ar an aer.

Am ar leith a bhí sa tréimhse sin. Bhí nuachtán nua Gaeilge, *Foinse*, tar éis teacht ar an bhfód le fuinneamh agus ábharthacht nach raibh le sonrú sa nuachtán a chuaigh roimhe, *Anois*. Bhí glúin óg Gaeilgeoirí, agus Gaeilgeoirí Gaeltachta den chuid is mó, ag tabhairt faoi obair sna meáin ar bhealach bríomhar fuinniúil, an fhuinniúlacht sin a bhíonn san aer nuair a bhíonn rudaí nua ar an bhfód. Mórán mar a shamhlaím a bhí nuair a tháinig Raidió na Gaeltachta ar an aer in 1972, agus bríomhaireacht ghluaiseacht chearta sibhialta na Gaeltachta le sonrú. Daoine óga ag baint triail as stuif nua den chéad uair, gan de chúram ar dhuine ar bith ach obair agus siamsaíocht.

Ní raibh i bportaigh Ros Comáin ach leithscéal. Bhí mé ag iarraidh TnaG a fhágáil chun filleadh ar an scríbhneoireacht agus ar iriseoireacht náisiúnta. Níos mó ná teilifís nó raidió, thaitin an iriseoireacht chlóite liom níos mó ná aon chineál iriseoireachta eile. Thaitin an cheardaíocht a bhain le struchtúr abairte liom. Thaitin liom gur fhan an focal ar pár agus nár éag sé san aer craolta tar éis dó bheith ráite. Thaitin freisin liom m'ainm a fheiceáil i gcló. Seachain an t-iriseoir a déarfaidh leat nach bhfuil ego aige nó aici.

Oideachas a bhí san *Evening Herald* ar chuile bhealach, agus is ag filleadh den dara huair ar an nuachtán a bhí mé in 1998. Tar éis ceithre bliana a chaitheamh i mbun céime san iriseoireacht in Ollscoil Chathair Bhaile Átha Cliath, d'oscail taithí oibre an doras dom isteach go seomra nuachta Independent Newspapers. Is ag obair leis an *Herald* a bhí mé go príomha, scéalta faoi mhamónna a robáladh i dtuaisceart Bhaile Átha Cliath agus scéalta eisiacha faoi chluichí nua Lotto. Is cliché é, ach tá mé in ann a rá go hionraic gur fhoghlaim mé níos mó faoin iriseoireacht i gcoicís sa seomra nuachta sin ná mar a d'fhoghlaim mé sna ceithre bliana a chaith mé i mbun staidéir ar an ábhar san ollscoil. Ba é an stíl fóin an chéad rud a thug mé faoi deara, a stíl féin ag chuile iriseoir agus cor nua á chur ar an stíl sin ag brath ar cé lena raibh siad ag caint. Stíl éagsúil don dlíodóir, don tábhairneoir, don Gharda, don seanfhear sa mbaile leis féin. Glór éagsúil, pátrún cainte éagsúil, beannachtaí éagsúla ag brath ar an eolas a bhí uait a bhaint as an té lena raibh tú ag caint.

Ba sa *Herald* a d'fhoghlaim mé faoin gcuid ba dheacra den ghairm freisin, ag déileáil le daoine a bhí ag déileáil le tragóid phearsanta agus gan uaimse ach an t-eolas a chruthódh scéal agus a shásódh eagarthóir. Ag leanúint tuismitheoirí buachalla deich mbliana d'aois a thit de thraein idir Baile Átha Cliath agus Loch Garman isteach go dtí an tAonad Dianchúraim Éigeandála in ospidéal Beaumont, chun fiafraí díobh cén chaoi ar airigh siad. '*Don't come back to the newsroom without a quote from the mother on how she's feeling,*' a dúirt an t-eagarthóir liom. '*How the fuck do you think she feels?*', a dúirt athair an bhuachalla tar éis dom an cheist a chur ar a bhean chéile. Níorbh é an áit é le mo chás a mhíniú.

Maidin Luan saoire bainc, ba é an dualgas a bhí orm taisteal go Binn Éadair le grianghrafadóir agus labhairt le tuismitheoirí mná óg a bhfuarthas a corp ar cheann de sléibhte na Himiléithe, agus grianghraf di a fháil uathu. Ní raibh siad féin ach díreach tar éis an drochscéala a fháil faoina n-iníon cúpla uair an chloig roimhe sin. Lig siad isteach muid. Thug siad grianghraf dúinn. D'fhreagair siad mo chuid ceisteanna. Bhí siad tuisceanach. Ní thuigim cén fáth.

Ag brath ar scéalta, bheinn ag aistriú idir ghné-ailt agus ghnáthscéalta nuachta, agus idir an *Evening Herald* agus an *Irish Independent*. Ba oideachas ann féin a bhí sa *Herald*. Bhí sé níos éasca scríobh don *Independent*. Is ceist eile ar fad a bhí in ábhar a ullmhú do nuachtán tablóideach. Sa *Herald*, is abairt a bhí i bparagraf, tráchtas a bhí in dhá abairt sa pharagraf céanna (níor chuidigh sé go raibh siad do mo íoc in aghaidh an fhocail!). Baineann obair le heolas a chur trasna ar bhealach beacht, gearr, agus tá mé buíoch go deo go bhfuair mé an fhoghlaim sin ann. Go dtí an lá atá inniu ann, cuireann sé as dom nuair a bhíonn iriseoirí agus scríbhneoirí den tuairim gurb é an ról atá acu ná poill a líonadh, bíodh sin ar pháipéar nó ar an aer, agus nach mbacann an t-am a chur isteach sa mhúnlú atá ag teastáil chun scéalta nuachta a chur trasna go gearr agus go soiléir.

Sna ceithre bliana idir 1998 agus 2002, rinne mé agus d'fhoghlaim mé go leor. Thuig mé gur le nuacht agus le hiriseoireacht a bhí mo chroí. Ní bhuailfeadh dada tréimhse i mbun caidrimh phoiblí chun an méid sin a chur ar do shúile. D'fhoghlaim mé nach raibh uaim a bheith i mo thábhairneoir go lánaimseartha, go háirithe nuair a bhí an teach tábhairne agam ar leathanach tosaigh an *Sunday World* de bharr gur bhain fear an liopa d'fhear eile lena chuid fiacla agus gur fhág sa leithreas é. In ainneoin na scéalta deacra ó am go chéile, tá sé níos éasca tuairisciú a dhéanamh ar dhaoine ná daoine a bheith ag tuairisciú ort. D'fhoghlaim mé gur cur i gcéill a bhí in go leor den chéad ré órga Idirlín agus mé páirteach i gcomhlachtaí a chuaigh ar shlí na fírinne nuair a phléasc bolgán mór an idirghréasáin mar a thugtaí i nGaeilge air ag an am.

Nuair a d'fhill mé ar an teilifís, bhí rudaí athraithe. Bhí sé níos éasca teacht ar Ghaeilgeoirí i mbailte ar nós Bhaile Átha Luain agus Mhainistir na Búille, mar shampla. Thuig polaiteoirí go dtabharfadh 30 soicind d'abairt Ghaeilge deis dóibh ar chlúdach teilifíse. Bhí fócas nuachta an stáisiúin dírithe níos mó ar an nGaeilge agus ar an nGaeltacht ná mar a bhí. Bhí an teicneolaíocht soghluaiste seachas místuama. Bhí ainm an stáisiúin teilifíse athraithe fiú!

Is le linn an dara tréimhse sin agam le *Nuacht RTÉ/TG4* a ceapadh mar Chomhfhreagraí Rialtais Áitiúil mé. Oscailt súl a bhí sa ról agus, ar bhealach, bhí mé beagnach bréan den ról ón tús. Nuair a fhreastalaíonn tú ar chruinnithe comhairle contae ó cheann ceann na tíre, agus an pátrún céanna ag chuile chruinniú, tagann éadóchas ort faoi chóras rialtas áitiúil na tíre seo. Sna chéad bhlianta, sular thit an tóin as an eacnamaíocht, ba ghearr le fóram stocaireachta d'fhorbróirí agus d'úinéirí talún a bhí in go leor de na cruinnithe. Ina dhiaidh sin, agus údaráis áitiúla ag iarraidh buiséid a phlé agus airgead a shábháil, sampla i ndiaidh sampla den mhífheidhmiú a bhí sna cruinnithe céanna, chuile dhuine ag tochras ar a cheirtlín féin, an pobal fágtha gan aontú. Ar ndóigh, ní chuile bhall tofa a bhí ar an ealaín seo, ach ba dheacair teacht as cruinniú comhairle contae agus meon dearfach a bheith ag duine i leith an chórais.

Ina ainneoin sin, thaitin an obair i gcónaí liom. Ba as teacht aníos le scéalta nua, nó cor nua ar sheanscéal a fuair mé an sásamh ba mhó i gcónaí i mo chuid ama mar iriseoir. Ní hé an ról is éasca é i saol na Gaeilge agus na Gaeltachta, le líon teoranta foinsí, líon áirithe daoine ar a gcuirfidh tú cantal nó olc agus nach labhróidh arís leat go ceann i bhfad, ach bhí sé tábhachtach riamh dom gur 'iriseoir' a bheadh ionam seachas 'tuairisceoir' a bheadh ag déanamh athrá ar phreasráitis agus scéalta a bhí foilsithe in áiteanna eile.

Ag breathnú ar an earnáil iriseoireachta Gaeilge faoi láthair, in ainneoin níos mó foinsí nuachta ann ná mar a bhí riamh roimhe, níl ardú dá réir tagtha ar an líon iriseoirí Gaeilge atá ag briseadh agus ag forbairt scéalta as an nua. Agus mé ag éirí aníos, chuaigh obair Sheáin Uí Chuirreáin ar Raidió na Gaeltachta i bhfeidhm orm mar eiseamláir d'iriseoir a thiocfadh aníos le scéalta nua láidre, bíodh sin ina ról mar chraoltóir nó mar léiritheoir. Bhí sé d'ádh orm tréimhsí a chaitheamh i mbun oibre le Breandán Delap, i dtosach mar eagarthóir in *Foinse* agus ansin mar eagarthóir in *Nuacht TG4*, agus teacht i dtír ar a ábaltacht scéalta a tharraingt as cáipéisí nó as foinsí.

Ach cá dtagann tú ar scéal? Próiseas foghlama atá ansin freisin. Tar éis tamaill, tá scéal le fáil i gcomhrá, i dtuairisc, i nod. Ba as buille faoi thuairim ag duine a raibh aithne agam air a tháinig an scéal ba mhó agam a tharraing aird. In 1996, bhí sé ráite gur fhreastail an Taoiseach ag an am, Bertie Ahern, ar dhinnéar i Manchain, áit ar bailíodh airgead dó ar bhonn pearsanta. Ní raibh aon deimhniú ar an scéal, áfach, agus gan ainm ar bith tugtha maidir le cé a d'fhreastail ar an dinnéar. Ghlaoigh cara liom orm ag rá go raibh aithne aige ar fhear as Conga i ndeisceart Mhaigh Eo a bhí ina chónaí thall i Manchain, a raibh a shaibhreas déanta aige le comhlacht busanna agus arbh as clann láidir Fianna Fáileach é. 'Má bhí duine ar bith ag an dinnéar,' a deir mo chara liom, 'bhí sé siúd ann.'

D'éirigh liom teacht ar uimhir Mhicheál Wall óna dheartháir i gConga, ach ní raibh aon fhreagra ó fhear Mhanchain. D'fhág mé teachtaireacht. D'fhág mé cúig theachtaireacht ar fad an tseachtain sin, gan freagra ar bith. Ansin, oíche Dé Domhnaigh agus mé féin agus mo bhean suite os comhair na teilifíse sa bhaile, ghlaoigh an fón. Wall. Dheimhnigh sé go raibh sé i láthair. Dheimhnigh sé go raibh slua ann. Dheimhnigh sé go raibh bailiúchán airgid ann do Bertie Ahern. Rinneadh scéal náisiúnta de scéal Mhicheál Wall. B'éigean don Taoiseach ceisteanna a fhreagairt sa Dáil. *'When Rónán from Raidió na Gaeltachta spoke to Micheál Wall ...,'* a deir sé, é mícheart, nó fadradharcach fiú, maidir leis an stáisiún lena raibh mé ag obair. Mar a thuigim, *'Rónán Mac Con Iomaire from Raidió na Gaeltachta'* a bhí scríofa amach roimhe, ach thóg sé cinneadh ag an nóiméad áirithe sin gan dul in éadan an tsloinne fhada! Tamall ina dhiaidh sin, tháinig sé chun solais gur cheannaigh Wall an teach ina raibh Bertie Ahern ina chónaí i dtuaisceart Bhaile Átha Cliath, tairne eile i gcónra pholaitíochta Ahern.

Lean an fhoghlaim. Mar shampla, thuig mé gur cuma cén chomhairle a chuirtear ort, is fearr, uaireanta, dul le do chomhairle féin. Bhí mé ag ullmhú do chlár faisnéise ar shaighdiúirí Éireannacha a throid d'arm na Breataine le linn an Dara Cogadh Domhanda, agus mé ag díriú ar chás seanuncail de mo chuid a maraíodh sa Túinéis i 1943. Teastaíonn cead oifigiúil chun scannánaíocht a dhéanamh sa Túinéis, ach nuair a luaigh mé é seo le bainisteoir ag an am, moladh dom go gcuirfeadh a leithéid de phróiseas, ó thaithí an té a thug an chomhairle, moill mhór orm agus gurbh fhearr dom aghaidh a thabhairt ar an Túinéis go neamhoifigiúil.

Bhí mé féin i mbun na scannánaíochta agus na láithreoireachta, agus léiritheoir i mo chuideachta, agus muid i mbun ár gcéad lá taifeadta ar bhóthar taobh amuigh de bhaile darbh ainm Medjez el Bab, 60 ciliméadar siar ó Tunis. Ba ar an mbóthar sin a d'ionsaigh eitleán Messerschmitt de chuid na Gearmáine an bhuíon airm lena raibh mo sheanuncail ag taisteal, agus ghearr na hurchair ón aer Paddy Mac Con Iomaire, nó Paddy an Droichid, ina dhá leith.

Tar éis tamaill i mbun scannánaíochta, tharraing trucail bheag suas le mo thaobh agus stop. Ní raibh aon suaitheantas ar an trucail, ach ag suí inti, bhí fear mór, ramhar, féasógach ar a raibh culaith éadaí oifigiúil de chineál éigin.

'An bhfuil cead scannánaíochta agat,' a d'iarr sé go garbh i bhFraincis.

'Cead scannánaíochta?', a d'fhreagair mé.' Cén fáth a mbeadh cead scannánaíochta ag teastáil uaim?'

'Lean mise,' a deir sé agus thug aghaidh ar lár Medjez el Bab.

Shuigh mé isteach sa charr, allas liom féin agus leis an léiritheoir agus aiféala orm nár lean mé mo chomhairle féin. Chuir muid na téipeanna a bhí taifeadta go dtí sin againn i bhfolach isteach faoi shuíocháin an chairr agus d'fhág an téip, ar a raibh muid ag taifead nuair a stopadh muid, sa cheamara.

Tharraing an trucail isteach ar an tsráid ag foirgneamh ar a raibh *Garde Nationale* scríofa. Níor chuidigh seo leis an allas. Fórsa póilíneachta paraimíleatach atá sa *Garde Nationale* sa Túinéis, fórsa a bhfuil an ghráin ag an bpobal air de bharr gur sheas siad le huachtarán na tíre in aimsir an éirí amach ann in 2011. Dúirt an fear féasógach linn fanacht sa charr agus chuir sé beirt phóilíní amach ar an tsráid chun súil a choinneáil orainn.

Faoi dheireadh, dúradh liomsa dul isteach agus an ceamara a thabhairt liom. Fágadh Pádraic, an léiritheoir, sa charr. Bhí an foirgneamh dorcha, seanchaite, tíl ghorm ar na ballaí, tíl liath ar an urlár. Treoraíodh isteach i seomra mé. Ba léir go raibh an fear taobh thiar den deasc mór adhmaid i gceannas. *'Asseyez vous,'* a dúirt sé, ag síneadh méire i dtreo na cathaoireach a bhí ar a aghaidh. Bhí seachtar nó ochtar póilíní eile sa seomra, iad ina suí ar chathaoireacha, ar bhoird, ar an bhfuinneog, iad ar fad ag caitheamh toitíní. Bhí an seomra faoi phluid deataigh.

Bhí beagán Béarla ag an gceannasaí agus idir sin agus an méid Fraincise a bhí agamsa, mhínigh mé mo chás. Ní raibh aon phointe an t-am sin an fhírinne a insint dó, gur iriseoir a bhí ionam ag tabhairt ceamara isteach ina thír go mídhleathach agus ag taifead gan chead. Turasóir a bhí ionam, a deir mé, ag taifead físeáin do mo mhuintir sa bhaile le go bhfeicfidís cár maraíodh Paddy an Droichid. Coinníodh ar feadh tuairim agus dhá uair an chloig mé, mé ag míniú mo cháis, ag breathnú agus ag tabhairt míniú ar an téip a bhí sa cheamara, ag fanacht amuigh sa halla fad is a bhí siad ag plé na ceiste eatarthu féin. Sa deireadh, dúradh linn go raibh an ceamara á choinneáil agus go dtabharfaí ar ais dúinn é dá mbeadh litir cheadúnais againn ón rannóg stáit chuí.

D'fhill muid ar Thúinis. Is beag fonn cabhrach a bhí ar an státseirbhís, agus ní raibh aon amharc ar an litir cheadúnais. Cheannaigh muid físcheamara beag agus chuaigh ar ais i mbun taifid go discréideach. Faoi dheireadh, an lá sula rabhamar le filleadh ar an mbaile, fuair muid glaoch ag rá go mbeadh státseirbhíseach ag an óstán ag a raibh muid ag fanacht an lá dár gcionn, agus go dtiocfadh sé amach go Medjez el Bab linn le litir, agus chun an ceamara a fháil ar ais.

Chuaigh chuile rud i gceart, bhí an ceamara againn agus bhí muid ar ais i dTúinis ag an aerfort agus dhá uair an chloig le spáráil againn. 'Ná habair rud ar bith faoin gceamara agus sibh ag dul tríd na custaim,' a deir an státseirbhíseach linn. Beag an baol. Bhí muid seiceáilte isteach, ticéid againn, chuile rud ag dul go maith nuair a tarraingíodh go leataobh muid. Tuilleadh póilíní. Céard atá sa mhála? Cé le haghaidh an ceamara? Céard atá ar an téip? 'Spáin dúinn é? Cá bhfuil do cheadúnas?

Coinníodh muid go dtí gur chaill muid an t-eitleán. Ansin, scaoileadh linn. Sheiceáil muid isteach don chéad eitleán eile go Páras. Tuilleadh póilíní.

'Céard atá sa mhála?'

'Tá a fhios agat céard atá sa mhála.'

'Céard atá sa mhála?'

'Ceamara.'

'Cá bhfuil do cheadúnas?'

'Anseo.'

'Cá bhfuil an ceadúnas chun an ceamara a thabhairt isteach sa tír sa chéad dul síos?'

'Cén ceadúnas é sin?'

Dúradh linn nach bhféadfadh muid an ceamara a thabhairt amach as an tír gan an ceadúnas a bhí le fáil nuair a thiocfá isteach sa tír. Ba é an bealach timpeall air seo an ceamara a chur síos staighre ar an gcrios iompair bagáiste sa halla teachta agus an mála a thabhairt isteach sa tír den chéad uair, mar dhea. Bheadh an ceadúnas cuí le fáil ansin.

Síos liom. Phioc mé an mála aníos den bheilt. Stopadh ag an bpointe custaim mé.

'Cé tusa?'

'Tá a fhios agat cé mé féin.'

'Cé tusa?"

'Bhí tú thuas staighre do mo cheistiú leathuair ó shin.'

'Cé tusa, agus an bhfuil ceamara ar iompar agat?'

Tuilleadh ceisteanna, tuilleadh moilleadóireachta, eitleán eile caillte. Sa deireadh, chaill muid trí eitleán an lá sin, sular éirigh muid de thalamh na Túinéise faoi dheireadh ag a deich a chlog an oíche úd. Gan aon eitilt ag taisteal go hÉirinn as Páras chomh deireanach san oíche, d'fhan muid in óstán in aerfort Charles de Gaulle. Ní raibh mé chomh ríméadach riamh tír de chuid an Aontais Eorpaigh a bhaint amach. Ní raibh leaba níos compordaí fúm riamh ná mar a bhí an oíche sin. Is é sin go dtí gur las an t-óstán ag a trí a chlog ar maidin, agus b'éigean dúinn ar fad éalú amach ar an tsráid. Ní fhillfidh mé arís go brách ar an Túinéis.

Ceacht eile foghlamtha.

'Oiriúnach don fheidhm': friotal na hiriseoireachta

Antain Mac Lochlainn

Breithiúnas a thug duine ar *Foinse*, nuachtán a raibh mé féin i m'iriseoir leis, ná go raibh sé ar an pháipéar nuachta Gaeilge ab fhearr riamh ó thaobh ábhair de agus ar an pháipéar ba mheasa riamh ó thaobh na Gaeilge de. Ní bheadh a fhios ag iriseoir bocht cén freagra ab fhearr a thabhairt ar an mheascán sin de mholadh agus de cháineadh. B'fhearr an fhírinne a insint, is dócha, agus a admháil nach raibh *Foinse* saor ó locht. B'fhurasta dom an t-alt seo a phlúchadh le cuimhní cinn ar bhotúin chló agus ar cheannlínte débhríocha. An t-am a raibh an nuachtán bliain ar an fhód, cuir i gcás, agus gur scríobhadh ar an leathanach tosaigh: 'Céad Bliain Slán ag *Foinse*,' rud a chuir naoi mbliana déag is ceithre scór lenár ré. Nó alt mar gheall ar *cabinet confidentiality* ina raibh trácht ar 'rúndacht an chaibinéid'. Ach cén mhaith a dhéanfadh sin? Tá mé fós bródúil as *Foinse* mar a bhí sé sna laethanta sin roimh Independent Newspapers. Bhí botúin ann, ach is minic marcach maith ar an talamh.

Agus bímis ionraic: is deacair an Ghaeilge a scríobh. Ní teacht slán as caschoill ghruama na gramadaí atá i gceist agam, ach stíl scríbhneoireachta a chruthú a fhóireann don iriseoireacht. 'Is cosúil go mbíonn scríbhneoirí *Foinse* ag smaoineamh i mBéarla,' a scríobh gearánaí amháin ar leathanach litreacha an nuachtáin. Tá go breá, ach cá bhfuil an tÉireannach nach mbíonn ag smaoineamh i mBéarla agus é i ngleic le nathanna mar *drone attack, dog-whistle speechifying, fiscal cliff?* 'Is buanaistritheoir, dar liom, gach cainteoir Gaeilge,' a scríobh Maolmhaodhóg Ó Ruairc in *Dúchas na Gaeilge* (1996). Is fíor dó é. Is é dúshlán an iriseora friotal Gaeilge a aimsiú le cur síos go sothuigthe soiléir ar threochtaí agus ar choincheapa a thig chugainn ó shaol mór an Bhéarla. Mo thaithí féin ar an obair sin is ábhar don alt seo. Ní mise a chum na samplaí atá tríd an alt; shíl mé é a bheith tábhachtach abairtí a bhí i gcló i bhfoilseacháin a úsáid, samplaí a léiríonn deacrachtaí áirithe i saothrú na Gaeilge mar fhriotal iriseoireachta. Ní le dímheas ar na húdair a cuireadh san aiste seo iad. Níl aon amhras ach gurb iomaí 'seoid' a thiocfadh chun solais dá bhfaighinn seans dul siar ar na hailt a scríobh mé féin ar nuachtáin agus ar irisí trí na blianta.

Ní hí an ghramadach croí na teanga

Cén tslat tomhais a bhíonn ag lucht na Gaeilge agus píosa scríbhneoireachta á mheas acu? Tá eagla orm gur cruinneas gramadaí is mó a mbíonn aird acu air agus go mbíonn siad dall, cuid mhór, ar shnoiteacht stíle agus ar chruinneas céille. Seo scéilín a léiríonn an méid sin: chuir mé póstaer a bhaineann le cúrsaí Gaelscolaíochta i láthair scata daoine a bhí páirteach i gceardlann scríbhneoireachta a bhí á múineadh agam. Póstaer dátheangach a bhí ann, ag tathant ar thuismitheoirí a gcuid páistí a chur ar scoil lán-Ghaeilge. Ba é an mana Béarla *Not just the right decision, but the bright decision.* 'An rogha ceart agus an rogha geal araon,' an mana Gaeilge. D'iarr mé ar lucht na ceardlainne breithiúnas a thabhairt ar an phóstaer agus cibé leasuithe a bhí le déanamh a bhreacadh síos. Ba é toradh a gcuid oibre ná séimhiú a chur ar na haidiachtaí i ndiaidh 'rogha'. Bhí an ceart ar fad acu an leasú sin a dhéanamh, ach mo léan nár luaigh oiread agus duine amháin an locht mór céille sa téacs: úsáidtear *bright* sa Bhéarla chun 'cliste', 'intleachtach' a chur in iúl. *He's a bright boy,* a déarfá. Cén chiall a bhainfí as 'gasúr geal atá ann'? Is é rud go bhfuil 'an rogha gheal' ag brath ar imeartas focal nach ann dó sa Ghaeilge. Ní cumarsáid éifeachtach é sin, fiú dá mbeadh eagarthóirí Éireann uile ag breacadh isteach na sínte fada agus na bponcanna séimhithe.

Níl sa ghramadach ach uirlis, *malum necessarium.* Cá bhfios nach dtiocfaidh lá nuair a bheidh gramadóirí ríomhaire fíoréifeachtacha ann a dhéanfaidh bunús na mbotún a ghlanadh agus a ligfidh d'iriseoirí díriú ar an dea-scríbhneoireacht, ar ghontacht, ar nathanna seanchaite a sheachaint, ar an réim cheart a aimsiú, ar an abairt sheolta a chuireann an smaoineamh abhaile go bríomhar beacht. Is olc an teist ar thosaíochtaí lucht na Gaeilge go bhfuil graiméir go fairsing ann agus gan oiread agus leabhar stíle amháin.

Duibheagán na téarmaíochta agus an bhéarlagair

Cad iad na mórlochtanna stíle a bhíonn ar ailt agus ar thuairiscí Gaeilge, mar sin? Déanaim amach nach bhfuil ag éirí le hiriseoirí téarmaí nua a fhí isteach sa téacs gan dul thar acmhainn na léitheoirí nó na n-éisteoirí. Níl mé ag maíomh gur cheart (ná gurbh fhéidir) gach friotal teicniúil a sheachaint.

Tá feidhm lena leithéid sa Ghaeilge ach oiread le teanga ar bith eile, ach is fearr a bheith spárálach le saintéarmaí teicniúla i dtéacs atá dírithe ar ghnáthléitheoirí nó ar phobal éisteachta nach dócha saineolas a bheith acu san ábhar. Ní hamháin gur bac ar an tuiscint atá ann, ach féadann breacadh de shaintéarmaí agus de ghnáthfhriotal Gaeilge réim an téacs a chur ó mhaith. A leithéid seo, a baineadh as alt i dtaobh turas bus i Stáit Aontaithe Mheiriceá:

> Bhí mo dheirfiúr agus a cuid cairde den bharúil go raibh mé ró-ardnósach le taisteal ar Greyhound. De ghnáth, is mar gheall ar imthosca foircneacha a bheadh duine mífhortúnach ag taisteal i gceann acu.

Níl feidhm ar bith leis an téarma 'imthosca foircneacha'. Go deimhin, tá an coincheap curtha in iúl go deas simplí ag an údar níos luaithe san alt, áit ar mhaígh sé nach dtaistealaíonn duine ar bith le bus ach amháin 'daoine atá i gcruachás.' Cad é a thug ar scríbhneoir cumasach dul i muinín foirmle dlí mar 'imthosca foircneacha'? Bheadh faitíos orm éagóir a dhéanamh ar an údar, ach seans láidir gur breacadh *extreme circumstances* i mbosca cuardaigh www.focal.ie agus gur 'imthosca foircneacha' a moladh. Fiú má tá dul amú orm sa chás áirithe seo, is léir go bhfuiltear ag úsáid an tsuímh sin mar fhoclóir ginearálta, in ainneoin é a bheith ráite go soiléir ag foireann www.focal.ie gur bunachar téarmaíochta atá ann.

Ceann de na scileanna is tábhachtaí ag scríbhneoir Gaeilge de chineál ar bith ná a bheith in ann dealú idir téarmaí agus béarlagair. Is é is téarma ann ná focal teicniúil a úsáideann saineolaithe chun trácht ar choincheap faoi leith gan débhríocht ná doiléire. Téarma míleata is ea *drone attack*. Ní féidir focal ginearálta a chur in áit *drone*, m.sh. *bomb attack*. Ní bheadh an leagan sin beacht go leor, nó is iomaí cineál ionsaí buamála a d'fhéadfadh a bheith ann. Caithfear, mar sin, géilleadh do chomhairle www.focal.ie agus 'ionsaí ladrainn' a scríobh. Bheadh faitíos ort, b'fhéidir, a leithéid d'fhocal míchoitianta a úsáid gan é a mhíniú ar an chéad lua, go háirithe i dtuairisc raidió nó teilifíse. B'fhearr liom féin an míniú sin a thabhairt i bparafrása Gaeilge ('eitleán gan phíolóta') seachas an focal *drone* a chaitheamh isteach. Nuair a chluinim focail Ghaeilge á mhíniú le focail Bhéarla, fiafraím díom féin an mbeadh sé níos fusa an scéal a phlé i mBéarla an chéad lá riamh, gan bacadh leis an teanga thánaisteach seo.

Ach an téarmaí iad na leaganacha seo thíos, a bhain mé as ailt Ghaeilge a foilsíodh le gairid (ní aistriúcháin iad, ach buntéacsanna Gaeilge):

'Níl na botháin shoghluaiste oiriúnach don fheidhm.'

'€60m a bhí in ainm agus a bheith caite d'fhonn cúrsaí uas-sciliú agus traenáil a chur ar fáil d'oibrithe den ngrád is ísle sa bhfeidhmeannas.'

Leagan Gaeilge de *fit for purpose* atá in 'oiriúnach don fheidhm'. *Upskilling* atá i gceist le 'uas-sciliú'. Ní léir dom go gcaillfí cuid thábhachtach den chiall dá scríobhfaí: 'Níl na botháin shoghluaiste sásúil' agus 'cur le scileanna na n-oibrithe'. Bíonn i bhfad barraíocht urraime ag iriseoirí do nathanna béarlagair a d'fhéadfaí a aistriú go simplí gan dul i muinín www.focal.ie. I gceann bliain nó dhó beidh nath béarlagair eile ann agus ní bheidh iomrá ar bith ar *upskilling*. Go deimhin, chuala mé *plus-skilling* le gairid. Go bhfóire Dia orainn má bhíonn orainn coinneáil bord ar bord leis na nathanna seo a bhíonn seal beag san fhaisean.

Cad é mar is féidir Gaeilge shimplí a chur ar nath béarlagair? An chéad chéim sa phróiseas ná sainmhíniú iontaofa a fháil. Luadh *dog-whistle speechifying* i dtús an ailt seo. Cad is ciall don mheafar sin? Seo míniú an *Oxford English Dictionary*:

> *A high-pitched whistle used to train dogs, typically having a sound inaudible to humans. A subtly aimed political message which is intended for, and can only be understood by, a particular demographic group.*

Is é an fáth a raibh *dog-whistle speechifying* sa nuacht, tráth a scríobhadh an t-alt seo, ná gur thug Peter Robinson, Céad-Aire Thuaisceart Éireann, óráid inar mhaígh sé go bhfuil sciar maith de phobal Caitliceach an stáit i bhfách le fanacht sa Ríocht Aontaithe. Dúirt sé go dtiocfadh leis an DUP tacaíocht na gCaitliceach seo a mhealladh i dtoghcháin amach anseo. Ba é a mheas a lán tráchtairí nár chreid Robinson féin oiread agus focal de sin, ach go raibh sé ag iarraidh a léiriú do Phrotastúnaigh liobrálacha nach páirtí seicteach atá sa DUP níos mó agus nach miste do dhaoine deasa leathanaigeanta tacaíocht a thabhairt dó. Is orthusan a bhí a chuid cainte dírithe, bíodh is nár dhúirt sé sin glan amach. Coincheap casta caolchúiseach atá ann den chineál a chuireadh beaguchtach ormsa i laethanta tosaigh *Foinse*. Is léir nach fiú a bheith ag trácht ar fheadóga ná ar mhadaidh, ach cad é a dhéanfá leis?

Roghnaigh mé an abairt shamplach *'Commentators believe that Peter Robinson's appeal to Catholics is really a dog whistle to middle class Protestants'*. Chuir mé an sampla i láthair ranga agus d'iarr orthu leagan Gaeilge a cheapadh, mar a dhéanfadh iriseoir a bheadh faoi bhrú ama. Níorbh ionann an freagra a bhí ag beirt ar bith acu. Mhol duine amháin 'Bhí Robinson ag caint as dhá thaobh a bhéil,' ach dhiúltaigh lucht an ranga dó sin ar an ábhar go bhfuil sé ródhiúltach (ní hé go bhfuil sé míchruinn). 'Teachtaireacht rúnda,' a bhí ag duine eile, leagan a shíl muid a bheith débhríoch – bíonn teachtaireachtaí rúnda á n-iompar ag spiairí, cuir i gcás. Sa deireadh, ba é comhairle an ranga gan an meafar a aistriú ar chor ar bith ach a leithéid seo a scríobh: 'Measann tráchtairí nach dírithe ar Chaitlicigh a bhí cuid cainte Peter Robinson le fírinne, ach ar Phrotastúnaigh mheánaicmeacha.' Agus sin a bhun is a bharr. Mura bhfuil an meafar éifeachtach sa Ghaeilge, nó dá mbeadh ort dul i muinín parafrása mór fadálach chun a chiall a chur in iúl, is fearr é a fhágáil as.

Seanleaganacha liteartha

Moladh leagan cliste sa phlé a bhí againn ar *dog whistle*. D'aimsigh duine an iontráil 'sanas' in *Foclóir Gaedhilge agus Béarla* Phádraig Uí Dhuinnín: *'special knowledge, a secret, a suggestion, a whisper, a hint.'* An dtiocfadh casadh a chur i gciall an fhocail sin agus é a chur in úsáid arís chun trácht ar chogarnach agus ar chumarsáid cheilte seo na bpolaiteoirí? Ní mholfainn a leithéid sin a dhéanamh. Is cur amú ama agus fuinnimh a bheadh ann ciall an fhocail a mhíniú in alt scríofa. Iad siúd atá ag obair sna meáin chraolta, is ar éigean a bheadh faill acu an focal a mhíniú, agus ní dhéanfadh siad ach mearbhall a chur ar a gcuid éisteoirí. Níl mé ag rá nach bhfuil cead ag iriseoirí leaganacha nua a chumadh, ach b'fhearr iad a bheith sothuigthe ar an chéad léamh nó ar an chéad éisteacht.

Gné aisteach dár dtraidisiún iriseoireachta féin go dtosaíonn a lán daoine ag obair le nuachtáin nó sna meáin chraolta i ndiaidh dóibh a bheith ag plé le Léann na Gaeilge. Roinnt mhaith iriseoirí eile, bíonn siad ag gabháil don phrós liteartha nó don fhilíocht. Bíonn teannas le mothú idir friotal sin na hacadúlachta agus friotal na hiriseoireachta, thall is abhus. Féach, mar shampla, mar a roghnaítear seantéarmaí liteartha de rogha ar théarmaí idirnáisiúnta atá ar eolas ag cách. A leithéid seo:

'Choimeád an fostóir clóichead Rita chomh maith leis na doiciméid oifigiúla eile.'

'Tá dúnghaois inimirce na hAstráile ar mhórcheist chonspóideach íogair abhus le fada an lá.'

'Cuireadh an mhuirthéacht faoi chois, gabhadh Albizu Campos agus gearradh príosúnacht 80 bliain air.'

Dar liom, níl cúis fhónta ar bith ann le 'clóichead', 'dúnghaois' agus 'muirthéacht' a scríobh seachas 'pas', 'polasaí/beartas' agus 'réabhlóid'. Is í an chumarsáid is tábhachtaí in obair an iriseora, ní an ruaig a chur ar fhocail iasachta.

Réim

Samhlaím réim ró-ard, róliteartha le focail mar 'dúnghaois'. Tá a ghlanmhalairt ann chomh maith: réim ró-íseal. Agus mé i mo mhac léinn, d'inis léachtóir dom go lánúdarásach nach raibh ach réim *authentique* amháin sa Ghaeilge, is é sin comhrá na gceantar tuaithe ar mhair an Ghaeilge slán iontu. Siúd é an t-earra ceart, de réir mar a bhreac 'Máire', Tomás Ó Criomhthainn agus údair eile síos ar phár é. Molann lucht ollscoile do mhic léinn staidéar a dhéanamh ar na leabhair sin lena gcuid Gaeilge a shaibhriú. Tá a rian sin orainn – is breá linn an leagan cainte a bhfuil boladh na móna air. Dá thíriúla é is amhlaidh is fearr é, is cuma cad é atá roimhe ná ina dhiaidh, nó fiú amháin má spreagtar íomhá áiféiseach in aigne an léitheora nó an éisteora:

'Dhá bhliain nó trí bliana ó shin, bhí Airbus ar mhuin na muice; anois, tar éis tréimhse drochshuaiteachta, tá sé ag iarraidh gan titim ón spéir.'

'Mar aon le rialtas Iosrael agus a lucht tacaíochta thar lear, is iad airm núicléacha na hIaráine ... an chloch is mó ar phaidrín Ottolenghi anois.'

'... tá carr ag madaí an bhaile i Meiriceá.'

Admhaím nach cúrsaí 'ceart nó mícheart' é seo. Níl réim na chéad abairte Gaeilge díreach chomh híseal le *Airbus was on the pig's back*, ach fós féin measaimse nach bhfuil 'ar mhuin na muice' fóirsteanach in alt eacnamaíochta i dtaobh staid airgeadais aerlíne. Maidir leis an dara sampla thuas, is Síónach é Emanuele Ottolenghi, a bhíonn ag stocaireacht ar son Rialtas Iosrael. Cibé trealamh crábhaidh a bhíonn ina lámh aige, is ar éigean a chífeá paidrín ann. Níl an sampla deiridh inchosanta ag duine ar bith, is cuma cad é an dúil a bheadh aige sa tseanchaint.

Fiú agus cúrsaí réime a fhágáil as an áireamh, ní hé gnó an iriseora a bheith ag athchúrsáil cora cainte agus seanfhocal, ach a lorg féin a fhágáil ar an teanga agus brí úr a chur inti. Féach an líon mór focal agus frásaí Béarla a chuirtear i leith iriseoirí faoi leith, mar shampla *stereotyping* (Walter Lippmann, 1922), *brainwashing*, (Edward Hunter 1951), *jet lag* (Horace Sutton 1966), *podcast* (Ben Hammersley, 2004). Ná ceaptar nach bhfuil d'acmhainn ag na meáin Ghaeilge a leithéid de thionchar a bheith acu. D'éirigh le tráchtairí Raidió na Gaeltachta a lán frásaí spóirt a cheapadh atá in úsáid choitianta anois: 'rogha na coitiantachta', 'éinín' agus eile. Is mar sin a chuirtear comaoin ar an teanga bheo.

Eiseamláirí

Go dtí seo, thrácht mé ar sheanleaganacha liteartha a sheachaint, ar an réim chuí a aimsiú agus ar théarmaí is béarlagair a láimhseáil. Thuigfeá don iriseoir a déarfadh 'Tá go breá, ach cá bhfaighidh mé sampla den dea-stíl? Cad é ba cheart dom a léamh?' Ba iad na foinsí a moladh domsa ná saothar Bhreandáin Uí Eithir (*An Chaint sa tSráidbhaile* (1991)) agus Liam Uí Mhuirthile (*An Peann Coitianta* (1991) & *An Peann Coitianta 2* (1997)). Is fiú na leabhair sin a léamh díreach mar gheall ar an ábhar iontu, agus is cinnte gur dea-shampla den aiste ghairid nó den cholún tuairimíochta iad. An té a mbeadh tuairisc nuachta le scríobh aige, seans gurbh fhearr dó foinsí eile a aimsiú.

Mholfainn don ábhar iriseora súil a chaitheamh ar ábhair VIFAX, tionscadal de chuid Ionad na dTeangacha, Ollscoil na hÉireann Má Nuad. Gach oíche Luain, roghnaítear dhá scéal nuachta de chuid Nuacht TG4, scríobhtar na tuairiscí amach focal ar fhocal agus ullmhaítear cleachtaí teanga bunaithe ar an dá théacs. Foilsítear téacs na dtuairiscí, na físeáin agus na cleachtaí ar www.nuim.ie/language/vifax gach Máirt. Tá cartlann ábhar ann a théann siar chomh fada leis an bhliain 2006. Tharla go raibh baint agam féin, ar feadh bliana nó dhó, le hábhair VIFAX a ullmhú. Is fiú cuid mhór grinnléitheoireacht a dhéanamh ar scripteanna na dtuairiscí nuachta, go háirithe obair na seanlámh a bhfuil taithí na mblianta acu ar thuairiscí nuachta a scríobh. I ngan fhios dó féin, cuireann an léitheoir eolas ar chleasa na ceirde: an ghontacht, an tsoiléireacht, fad agus struchtúr na n-abairtí, eagar na smaointe, an ceangal idir an focal scríofa agus na físeáin. Áis luachmhar atá ann do lucht na meán craolta agus do lucht na meán clóite araon.

An té a chaithfeadh seal ag léamh scripteanna Nuacht TG4, seans go dtiocfadh sé ar an tuiscint gur cheart gach uile théacs riamh a léamh amach amhail is gur tuairisc raidió nó teilifíse é. Is iomaí locht comhréire nó údar débhríochta a bhíonn faoi cheilt in abairt scríofa. Nuair a chuir Brian Ó Broin an sampla seo chugam, a foilsíodh ar shuíomh Gréasáin, níor léir dom ar an chéad léamh é a bheith ciotach: 'Bhí Bendan [sic] Delap ag obair mar eagarthóir ar an nuachtán Gaeilge seachtainiúil Foinse ó tháinig sé ar an bhfód i 1996.'

Léigh amach os ard é agus inseoidh do dhá chluas duit cad é an locht atá air: is duine tréitheach é Breandán Delap ach is ar éigean a bhí sé ina eagarthóir ar nuachtán náisiúnta agus é sé bliana déag d'aois.

Géarghá le muinín, agus gearáin

Cathal Mac Coille

Náiríonn faillí nó feall iriseoireachta an cheird. Níl leathadh seo an dochair cothrom ná ceart, ach ní féidir é a sheachaint. Má bhaintear an bonn de mhuinín an phobail as iriseoir amháin, cuireann easpa muiníne isteach ar scata iriseoirí eile. Ní bhíonn ceird ná tír ar bith, folláin dá ceal. Teastaíonn muinín (1) idir iriseoirí agus foinsí chun bun-ábhar fiúntach a aimsiú agus a fhiosrú, (2) idir iriseoirí agus an pobal ionas go n-íocfar luach ár saothair ar dhóigh éigin, agus (3) idir rialtais agus eagraíochtaí den uile chineál agus an pobal ionas go mbeidh toradh fiúntach ar ár gcuid oibre. Faraor, is fusa an mhuinín luachmhar seo a chailliúint ná a chothú.

Is sampla maith den tairbhe a bhaintear as neartú muiníne é Tuaisceart Éireann. Bhain cuid mhór den réamh-idirghabháil a bhí ar bun le linn luathbhlianta phróiseas na síochána le cothú muiníne idir eagraíochtaí paraimíleata, páirtithe polaitiúla agus rialtais i mBaile Átha Cliath, i Londain agus uaireanta i Washington. De réir mar a bhláthaigh an próiseas, neartaigh an chomhthuiscint eatarthu, fiú agus céimeanna ar gcúl á dtabhairt i ndiaidh chéimeanna chun tosaigh. Dúirt Bertie Ahern liom lá amháin go raibh iontas air gur cháin an ceannaire Aontachtach David Trimble an rialtas, ar fhilleadh go Béal Feirste dhó tar éis bualadh leis an Taoiseach. Ní ábhar an ghearáin a chuir as don Taoiseach, ach an fáth nár phléigh Trimble cúis a mhíshásaimh leis le linn an chruinnithe i dTithe an Rialtais. B'fhearr an deis a bheadh ag an mbeirt acu teacht ar réiteach dá bpléifidís an fhadhb eatarthu féin, a dúirt Bertie Ahern, in ionad easaontas agus mímhuinín a thaispeáint os comhair an tsaoil.

B'fhéidir go bhfuil tú ag fiafraí faoin am seo cén bhaint atá ag an scéal seo le hiriseoirí. Labhraíonn daoine linn le hionchas go mbeidh toradh foilsithe an chomhrá cothrom, cuimsitheach agus soiléir. Tarraingíonn gach iriseoir a gcliseann air an t-ionchas sin a chomhlíonadh náire ar a chomrádaithe. Léirigh scéal eaglasta dom go soiléir an díobháil do chách a dhéanann feall an chorrdhuine.

Casadh sagart Caitliceach orm i gConamara sna 1990idí. Bhíomar ag caint taobh amuigh de halla ina dtagadh comhaltaí chlub do dhaoine óga le chéile. Níor thagair ceachtar againn i dtosach do na tuairiscí a bhí ag teacht sna sála ar a chéile an uair sin ar ionsuithe gnéasacha a rinne sagairt áirithe, ná ar fhaillí na n-easpag nár fhiosraigh gearáin mar ba chóir. Ar deireadh, tar éis don chéad bheirt déagóirí siúl isteach, tharraing an sagart anuas an scéal a bhí ag náiriú na heaglaise dar leis.

'Fanfaidh mé amuigh anseo ar feadh scaithimh. Ní théim isteach riamh go mbíonn leathdhosaen ar a laghad istigh romham,' a dúirt sé liom. 'Dúradh linn a bheith cúramach i gcónaí agus, más féidir, gan a bheith in aon seomra le bean nó le páiste – rud nach féidir a dhéanamh i gcónaí ar ndóigh. Is bocht an scéal é, ach sin mar atá.'

Bhí alltacht ar an sagart go raibh air a bheith san airdeall ina leithéid d'áit, ar fhaitíos go mbeadh ráflaí fiú amháin á scaipeadh nach bhféadfaí a bhréagnú dá mba ghá os comhair cúirte. D'fhág a ndearna an mionlach sagart drochmheas agus amhras air a mhairfeadh ar feadh i bhfad. Díreach mar a tharla i mórán foras agus institiúidí náisiúnta eile ó shin.

Ní tearc na samplaí. Cuimhnigh ar an mífhreagracht, ar an bhfaillí, ar an gcur amú airgid, agus ar na coireanna uaireanta a náirigh: (1) an eaglais chaitliceach; (2) polaiteoirí áirithe; (3) baincéirí áirithe; (4) breithimh áirithe; agus, (5) iriseoirí áirithe. I ngach cás, tharraing mí-iompar an mhionlaigh drochmheas ar an móramh. Is díol suntais é dála an scéil gur mó an droch-cháil a thuill an chéad trí dhream ná a thuill iriseoirí áirithe. Ach nílim ag iarraidh beag is fiú a dhéanamh de leithéid thuairisc bhréagach an *Sunday Independent* ar bhás an Teachta Dála Liam Lawlor in 2005, ná de dhearmaid a rinneadh in RTÉ, ar a bhfillfidh mé ar ball.

Bhain an mí-iompar seo ar fad, agus an dochar a rinneadh sa tír dá bharr, an bonn dár muinín (1) as feidhmiú eagraíochtaí éagsúla, agus (2) as gealltanais i gcoitinne. Roimhe seo, sílim, ní rabhamar sách fiosrach ná ceisteach nuair a tháinig mí-iompar nó faillí chun solais. Ní easpa ceistiúcháin atá i réim anois ach easpa muiníne as cuimse.

Cuireann an chailliúint muiníne seo isteach ar obair chraoltóirí ar dhá shlí. I dtosach báire, toisc go bhfuil saol na tíre tite chomh mór faoi scáil ró-amhrais is ar éigean a chreidtear polaiteoirí, mar shampla, nuair a mholann said beartas ar bith. Gan dabht, cuireann clamhsán, argóint agus fógairt míshásaimh neart ábhair ar fáil do chraoltóirí. Ach teastaíonn caint freisin ar réiteach fadhbanna, ar fhorbairt, agus ar chomhréitigh. Nuair a thránn muinín agus meas, lagaítear spéis an phobail i gcuid mhór den phlé leanúnach a theastaíonn ar chúrsaí tábhachtacha. De cheal spéise, bíonn baol ann nach gcraoltar ach cumarsáid idir mionlach polaiteoirí, craoltóirí agus éisteoirí.

Tá cuid mhór den mhilleán go bhfuil cúrsaí chomh holc tuillte ag na polaiteoirí. Tuilleann mífhreagracht i riaradh rialtais agus i ngealltanais réamhthoghcháin, mar shampla, tarcaisne agus amhras an phobail ar ball. Gan trácht ar bhaothchaint, ná ar thuirse. Ní raibh an Taoiseach Brian Cowen ar meisce nuair a labhair sé liom ag am bricfeasta le linn slógadh Fómhair Fhianna Fáil i nGaillimh in 2010. Dála an scéil, dúirt finné muiníneach (bhuel, tiománaí tacsaí) liom níos deireanaí go raibh seisean san óstán ónar craoladh an t-agallamh roimh ré agus gur léir dá raibh i láthair go raibh an Taoiseach caochta. Ceacht: ná creid gach finné. Ba léir do lucht éisteachta *Morning Ireland* mar sin féin go raibh Brian Cowen beagáinín, abraimis, tuirseach agus go raibh sé ina shuí ródhéanach an oíche roimh ré. Ní haon iontas é gur spreag a chur i láthair míshásamh, fiú má fhágtar na gearáin ba ghéire as an gcuntas.

Ach uaireanta samhlaítear dom go bhfuilimid go léir cosúil le scata daoine a mbíodh cónaí orthu i dteach a chuaigh trí thine agus atá leathscriosta anois. Abair go bhfuil an chúis éiginnte. B'fhéidir gur toitín lasta a chaith meisceoir ar an urlár ba chúis leis. Nó abair gur phléasc gás a bhí ag sceitheadh le cúpla mí ach nár bhac duine ar bith sa teach le fios a chur ar an gcomhlacht gáis lena dheisiú. Bheadh neart ábhar clamhsáin agus argóna ag muintir an tí. Ach bheadh orthu luí isteach láithreach ar an obair a theastódh leis an teach a dheisiú, nó chun áitreabh nua a aimsiú. Gan trácht ar na socruithe airgeadais a bheadh riachtanach chun íoc as.

Nuair a chuaigh *Morning Ireland* ar an aer an chéad uair in 1986, bhí dóchas teoranta i réim, agus muinín dá réir. B'in in ainneoin duáilcí mar faillí, útamáil, droch-eagar, drochrún, corrchás caimiléireachta, éidreoir, strócanna, cleasaíocht, pleidhcíocht, seachaint nó séanadh na fírinne, sotal, leisciúlacht, meatacht, míloighciúlacht, mímhacántacht, mífhreagracht, moilleadóireacht, neamh-aird, neamhthoil, lagmhisneach, drochbhreithiúnas, éadóchas, gearrthéarmacht, paróisteachas, patuaire, bréagadóireacht, rómhaslú, easpa pleanála, easpa náire go minic, mí-ádh uaireanta eile, cur i gcéill agus ... Is leor an méid sin, cé gur dóigh go gcuimhneoidh go leor léitheoirí ar laige nó dhó ar a laghad eile atá fágtha ar lár agam.

Ainneoin na nduáilcí seo thuasluaite, ghlac foireann agus éisteoirí an chláir leis sna 1980idí go raibh sé ar chumas na ndaoine a labhair ar an gclár fadhbanna a réiteach, luath nó mall. Cibé locht nó cibé moill a bheadh ar a gcur chuige, bhíothas ag súil go bhféadfaí faoi dheireadh a áitiú orthu an gníomh a dhéanamh a theastaigh chun fadhb a réiteach. Ní ar pholaiteoirí amháin atáim ag caint, ach ar bhaincéirí, lucht gnó, feidhmeannaigh comhlachta, na húdaráis áitiúla agus iliomad dream eile.

Is i bhfad ón gcomhthuiscint agus ón muinín sin atáimid anois, ar chúiseanna nach gá a áireamh. Níl meas ná muinín iomlán an phobail caillte ag polaiteoirí, ach níl cuid mhór de acu níos mó ná ag daoine eile ar a gcuirimid agallamh. Níor airigh mé fearg chomh láidir i measc éisteoirí riamh agus a d'airigh mé ó 2009 ar aghaidh.

Shroich an fhearg buaicphointe sa tréimhse 2010–2011. Shílfeá uaireanta sa tréimhse sin, agus aisfhreagra éisteoirí á léamh agat, nach mbeadh cuid acu sásta mura gcloisfidís buillí, ciceanna agus screadach ar an aer tar éis dúinn aoi nár thaitin leo a ionsaí le linn agallaimh. Léirigh an fuath an chontúirt go rachadh fearg agus éadóchas i dtreise chomh mór sin nach mbeadh sciar suntasach dár lucht éisteachta toilteanach éisteacht níos mó. Níor tharla a leithéid, ach níl an chontúirt imithe. Teastaíonn muinín agus misneach sa tír chun *Morning Ireland* agus cláir dá leithéid a choinneáil éifeachtach.

Tháinig maolú ar an bhfearg níos deireanaí, ach ní mór an maolú a tháinig ar an éadóchas, ná ar an amhras agus easpa muiníne a d'fhág bás an Tíogair Cheiltigh ina dhiaidh. Faraor, anuas ar an gcailliúint mhuiníne ghinearálta, tháinig cúpla cúis amhrais eile go barr uisce in RTÉ. Bhain na drochbhotúin a rinne *Prime Time Investigates* agus cuid den fhoireann a láimhseáil díospóireacht uachtaránachta *Frontline* in 2011 an bonn de mhuinín an phobail as RTÉ. Fearacht an tsagairt a labhair liom fadó, ní raibh aon bhaint ag formhór na foirne sa stáisiún leis an dá éagóir a rinneadh, ach d'fhágadar araon smál nach nglanfaí go sciobtha ar gach ball den eagraíocht.

Dála an scéil, tá sé soiléir, sílim, nach bhfuil aon chosúlacht dáiríre idir an dochar a rinneadh san eaglais nó i dTithe an Rialtais agus na dearmaid a rinneadh in RTÉ, dá dhonacht iad. Níor mhair drogall RTÉ ach cúpla mí sular admhaíodh go raibh dhá éagóir déanta, go raibh dhá leithscéal le gabháil agus dhá theip le fiosrú.

Is léir dom cosúlacht eile idir dearcadh an tsagairt a casadh orm fadó ar a dhualgas agus mo dhearcadh féin mar iriseoir i ré seo an amhrais agus na mímhuiníne. Ní athraíonn na botúin a rinne craoltóirí eile, ná amhras na n-éisteoirí, ná an díomá atá orm dá thoradh, ár ndualgas gairmiúil: scéalta a fhiosrú atá fírinneach, fiúntach agus suimiúil. Ní gá ach smaoineamh ar na ceisteanna atá le cur i ngach comhrá, beo-agallaimh raidió ina measc. Cén rud? Cén áit? Cén t-am? Cén t-ainm? Cé mhéad? Cén costas, nó brabach? Cén aois? Conas? Cén damáiste nó cén tairbhe? Cén fáth? Cén toradh? Do bharúil?

Bíonn freagraí ar na ceisteanna sin thuas de dhíth ar éisteoirí i gcónaí. Bíonn súil acu i gcónaí le ceistiúchán atá géar, cothrom agus neamhchlaonta. Gan dabht, tá siad níos géire orainn mar gheall ar ar tharla, agus beidh ar feadh tamaill. Cén fáth nach mbeadh? Má theastaíonn ábhar sóláis uainn, is léir ar an toirt gur fusa go mór an dochar a rinneadh do cháil RTÉ a leigheas ná an galar náisiúnta amhrais agus mímhuiníne a chothaigh polaiteoirí agus dreamanna tábhachta eile.

Céard atá foghlamtha ag craoltóirí ciallmhara de thoradh gach ar tharla sa tír ó thús go deireadh ré an tsaibhris? Nach foláir d'iriseoirí cuimhneamh i gcónaí ar an mbundualgas atá orthu gan a bheith ag súil le meas ná le moladh. Agus gur chóir a bheith amhrasach i gcónaí nuair nach bhfuil siad á gcáineadh ag daoine nó dreamanna tábhachtacha.

Ba léir an sciar seo den fhírinne d'aon iriseoir macánta a bhí ag obair le linn ré Charlie Haughey (1925–2006) mar Thaoiseach. Níor cheil Charlie ná a phreasrúnaí P.J. Mara a míshásamh leis na meáin riamh. Neartaigh an naimhdeas neamhspleáchas agus dúthracht iriseoirí. Chuaigh na tréithe sin i laige le linn ré an tíogair go háirithe. Sa saol polaitiúil mar shampla, de réir mar a chuir Bertie Ahern mearbhall ar iriseoirí agus ar mhórán daoine eile, lena shlíocaíocht mheallacach agus lena shleamhaine roimh chrua-cheisteanna. Ní hionann sin agus a rá nár fiosraíodh scéalta fiúntacha agus nár cuireadh ceisteanna fiúntacha. Ach tháinig maolú beagáinín ar ár ndíograis agus ar ár ndiongbháilteacht, toisc go raibh patuaire, sásamh agus féin-mholadh i réim sa tír. Ní raibh fonn ar mhórán éisteacht le leithéid George Lee, mar shampla, agus rabhadh á thabhairt aige faoin gcontúirt airgeadais a bhí ag bagairt. Ná leis na ceisteanna a cuireadh ar *Morning Ireland* mar shampla faoi aidhm, faoi thairbhe an pholasaí díláraithe a d'fhógair Charlie McCreevy in 2003 (curtha ar ceal in 2009).

Dúirt an t-iriseoir Alexander Cockburn (1941-2012) go magúil fadó gurb é bun agus barr na hiriseoireachta tacú le tuairimí claonta an phobail, in áit cur ina gcoinne. Foilsíodh a shaothar go minic ar an suíomh gréasáin breá neamhspleách www.counterpunch.org, ar sampla maith é den mheon ba chóir a bheith ag gríosú iriseoirí i gcónaí. Déanfaimid ár gcuid oibre ar mhaithe le pá, cosúil le gach duine eile. Is breá linn moladh ón bpobal, cosúil le gach duine eile, ach ní bhaineann moladh lenár gceird. Go deimhin, mura gcloisimid duine éigin ag clamhsán faoinár saothar, déan talamh slán de go bhfuil sé lochtach ar bhealach éigin.

Cuimhneoidh mé go héag ar an moladh is scanrúla dár chuala mé riamh ó Theachta Dála a casadh orm i dTeach Laighean cúpla bliain ó shin. 'Chuir tú agallamh breá ar mo dhuine ar maidin,' arsa Teachta Dála liom. '*Fair play* dhuit, bhíomar go léir á do mholadh.'

Tagann fuairimní orm arís nuair a chuimhním ar an moladh nár thuill mé agus nár theastaigh uaim.

'I'm sorry, our Irish speaker is on holidays ...': cás an iriseora raidió

Gormfhlaith Ní Thuairisg

'I'm sorry, our Irish speaker is on holidays ...'

'In Irish? No, unfortunately ... not at the moment ...'

'Unfortunately, our Irish speaker died last week ...'

'He's really very good on the subject ... does it have to be in Irish?'

'I'm afraid our last Irish speaker retired recently and we haven't been able to find another one ...'

'I'm afraid our Irish speaker has been hiding under the stairs all morning ... he knew you'd be coming ...'

'Yes, of course we'll call you if the situation changes ...'

Fáilte chuig saol an iriseora Gaeilge nuachta agus cúrsaí reatha, a bhfuil sé socraithe acu a gceird a chleachtadh ar an raidió. Is beag tuiscint atá ag ár gcomhghleacaithe san earnáil chlóite – ná go deimhin ar an teilifís – chomh truacánta is atá ár gcás.

Ní hionann an scéal leis an agallamh clóite. Ó, nach méanar dóibh siúd i mbun pinn! Bíonn agallaimh sna nuachtáin Ghaeilge le polaiteoirí aitheanta, le réalta teilifíse Meiriceánacha, le laochra spóirt, le mórphearsaí na tíre. Tá a fhios agam nach bhfuil focal Gaeilge ina bpluc. Ach nach cuma. Má tá a ndóthain Béarla, Gaeilge agus ama ag iriseoirí atá ag plé leis an bhfocal scríofa, is féidir leo ealaín álainn an aistritheora a úsáid le clóca na Gaeilge a chuir ar gach a ndeir siad. Agus tá a chead agus a cheart sin acu.

Níl iriseoirí raidió in éad baileach an oiread céanna lenár gcomhghleacaithe teilifíse. Ní féidir an pictiúr beo a sheachaint ná a bhréagnú. Tá sé sách deacair easpa cumais sa gcéad theanga oifigiúil a cheilt ar an scáileán. Ach tá buntáiste amháin ag ár gcomrádaithe atá ag obair le cúrsaí nuachta ar an teilifís orainne sa raidió – giortacht. Fiú iad siúd nár labhair Gaeilge le scór bliain is féidir leo a ndóthain focal a chur i dtoll a chéile agus a dhéanfaidh freagra sciobtha ar cheistín gairid – go háirithe má scríobhann an t-iriseoir oibleagáideach amach dóibh é.

Ach faraor, muidne, muintir chráite an raidió, ní leor dúinne na freagraí casta cumasacha Béarla ar féidir laethanta a chaitheamh á n-aistriú agus ag déanamh Gaeilge bhreá shaibhir dóibh le cur i leathanaigh na dtréimhseachán Gaeilge. Agus ní leor dúinne an 20 soicind Gaeilge ar an teilifís ó chréatúr éigin a bhfuil an dá abairt foghlamtha de ghlan mheabhair aige.

Teastaíonn níos mó uainne!

Teastaíonn daoine meabhracha, stuama, le dea-Ghaeilge líofa, a bhfuil eolas cuimsitheach acu ar pé ábhar atá i gceist, agus iad in ann é a chur in iúl ar bhealach taitneamhach. Teastaíonn daoine a bheidh ar fáil le hanailís ghrinn a dhéanamh ar pé scéal a roghnaigh an t-iriseoir dóibh cúig nóiméad roimh ré. Agus teastaíonn siad anois. Nó b'fhéidir, faoi cheann ceathrú uaire? Sin an méid.

Níl sé éasca.

Dá mbeadh, bheadh chuile dhuine á dhéanamh.

Ar dtús caithfear cainteoirí a aimsiú, agus níl siad fairsing. Ansin caithfear a dhearbhú go bhfuil na cainteoirí sin sách líofa le gur féidir leo roinnt mhaith nóiméad cainte a dhéanamh. Ansin caithfear a dheimhniú go bhfuil siad toilteanach. Agus ansin, caithfear a fháil amach an mbeidh siad toilteanach arís ... agus arís ... agus arís ... mar gheall, nuair atá an tobar tanaí, mar atá tobar na gcainteoirí Gaeilge, go mbítear ag tarraingt ar an dream céanna go minic. Agus, lena gceart a thabhairt dóibh, bíonn formhór na ndaoine a mbíonn muid ag brath orthu sásta a bheith linn, agus a bheith linn go minic. Bíonn bá acu lenár gcás, mar gheall go bhfuil bá acu leis an nGaeilge.

Tuigeann siad na fadhbanna, chomh maith leis an sásamh, a bhaineann le bheith ag obair sa teanga sin againne. Is minic a fhorbraítear caidreamh fada, fíor, cairdiúil eadrainn.

Ach tá an ganntanas cainteoirí maithe, agus a laghad Gaeilge atá acu siúd atá sa saol poiblí in Éirinn ar cheann de na hábhair chlamhsáin is mó atá ag chuile iriseoir atá ag plé le cúrsaí reatha sna meáin chraolta Gaeilge. Is é an cornasc is mó atá orainn é. Cuireann sé níos mó de laincis orainn ná easpa foirne, easpa áiseanna, easpa acmhainní, easpa airgid agus chuile easpa eile a mbíonn muid ag tabhairt amach faoi. Scaití, bítear ag caitheamh anuas ar na meáin Ghaeilge (agus go háirithe, b'fhéidir, ar Raidió na Gaeltachta, mar gurb é an fhoinse nuachta is cuimsithí é ag pobal na Gaeilge) mar gheall ar na glórtha céanna a bheith le cloisteáil rómhinic.

'Shilfeá,' a deirtear 'go mbeadh siad in ann duine éigin eile a fháil as Meiriceá/faoi chúrsaí leighis/faoin aimsir?'. 'Ná habair liom,' a deir siad 'go bhfuil sé siúd ar an raidió arís inniu! Cén fáth, leis an méid daoine sa tír atá ag fáil scolaíocht i nGaeilge, go gcaithfidh siad dul ar ais chuig an seandream céanna i gcónaí?'

B'fhéidir go bhfuil fírinne áirithe sa mhéid a bhíonn á rá acu siúd a bhíonn ag gearán. B'fhéidir go mbíonn drogall orainn dul sa tóir ar dhaoine úra, daoine nua, daoine nár chualathas cheana. Ach níos minice ná a mhalairt, téitear ar ais chuig na daoine céanna ar údair mhaithe. Is annamh go maith a chloistear glórtha úra ar chláir mhóra raidió an Bhéarla, in ainneoin domhan mór millteach cainteoirí a bheith ar fáil dóibh. Téann muid uile, i chuile theanga, ar ais chuig na daoine céanna ar mhórán na fáthanna céanna. Glacaim leis gur leisce a bhíonn i gceist ó am go chéile – cén fáth dul sa tseans ar an duine nua nuair atá an té a bhí agat riamh ar fáil agus a uimhir fón póca de ghlanmheabhair agat? Ach níos minice ná a mhalairt, téitear ar ais chuig na daoine céanna mar gur féidir brath orthu. Bíonn siad ar fáil, bíonn a gcuid taighde déanta acu agus bíonn siad go maith. Bíonn aithne agus meas ag na héisteoirí orthu. Agus caithfear cuimhneamh nach bhfuil comhfhreagraí sláinte, comhfhreagraí Eorpach, comhfhreagraí eacnamaíochta, comhfhreagraí tionsclaíoch, comhfhreagraí talmhaíochta ná comhfhreagraithe réigiúnacha ag an tseirbhís s'againne, mar atá ag seirbhísí eile – agus in imeacht na mblianta go bhfuil roinnt den dream a labhraíonn muid leo, an dream is mó a bhfuil muinín againn astu, a ghlacann, go neamhfhoirmeálta, an ról sin dúinn, rud a bhfuil muid an-bhuíoch as.

Ach cá háit as a dtagann siad? Cá bhfaigheann muid na saineolaithe líofa seo, ar bhitheitic agus ar bhloinig, ar ghrúpscéimeanna uisce agus ar ghliomadóireacht, ar leathanbhanda agus ar luach scaireanna bainc? Bíonn cuardach orthu. Agus, ach an oiread le héinne a bhíonn ag fiach, tá ár gcleasa féin againn agus tá a fhios againn cén áit is mó seans go n-aimseoidh muid an rud atá uainn. Ní féidir a bheith cinnte faoi cé aige nó aici a bheidh an Ghaeilge – ach is féidir buille faoi thuairim réasúnta cruinn a thabhairt go minic. I measc na bpolaiteoirí, is mó atá ag Sinn Féin ná ag Fianna Fáil – cé nach bhfuil an oiread acu agus a cheapfá. Tá níos mó Gaeilge ag lucht Fhianna Fáil ná mar atá ag Fine Gael, níos mó acusan ná ag an Lucht Oibre agus ní raibh aon chaill ar na Glasaigh. Is mó Gaeilge a bhíonn ag an seandream ná ag an aos óg, in ainneoin an méid cainte a déantar faoi bhorradh an ghaeloideachais. Bíonn Gaeilge ag seansagairt agus ag seanmhúinteoirí scoile. Bíonn Gaeilge, ar údar aisteach éigin, ag go leor as cathair Chorcaigh. Ní bhíonn Gaeilge ag muintir lár tíre. Bíonn Gaeilge ag lucht Chumann Lúthchleas Gael agus ní bhíonn ag lucht rugbaí. Bíonn Gaeilge ag níos mó fir ná mná. Bíonn Gaeilge (iontas na n-iontas) ag Caitlicigh ó thuaidh agus ní bhíonn ag Protastúnaigh. Tá níos mó Gaeilge ar an eite chlé ná ar an eite dheis.

Tá seifteanna againn. Titeann muid ar chuile ainm Gaeilge sna nuachtáin mar a thitfeadh faoileáin ar phíosa de ronnach. Téann muid trí liostaí dlíodóirí ag cuardach sloinnte Gaelacha. Má tharlaíonn scéal i mbaile beag tuaithe, díreoidh muid ar an scoil náisiúnta, ar chraobhacha den Chonradh nó de Chomhaltas Ceoltóirí Éireann. Déanann muid scagadh ar ainmneacha ar bhonn sochtheangeolaíoch a chum muid féin (Fiachra Byrne as Corcaigh. Múinteoir? B'fhéidir. Gordon Daly as Cill Chainnigh. Innealtóir ... Caolsheans!)

Is geall le haimsir na Nollag aimsir toghcháin, olltoghcháin nó toghcháin náisiúnta – daoine nua! Ainmneacha Gaeilge! Leaidíní óga de chuid Shinn Féin, gearrchailí soineanta ó Fhianna Fáil ... corr iar-mhacléinn as Coláiste na Tríonóide atá gafa leis an Lucht Oibre ... uile réidh go gcuirfear scrúdú na deich bpunt orthu. Agus in ainneoin gach móid neamhchlaontachta a thógann muid mar iriseoirí, is deas linn uile má bhaineann na Gaeilgeoirí sin amach ceann scribe – agus stádas tofa.

'Tá cara nua sa chúirt again!' a deir muid. Ach ní gá go mairfeadh ár ríméad i bhfad, sa chaidreamh casta idir na meáin Ghaeilge agus ár gcuid polaiteoirí.

Le tuiscint iomlán a fháil ar an scéal seo, níorbh fholáir a thuiscint gur breá le polaiteoirí poiblíocht. Is breá leo fios a bheith acu go bhfuil daoine amuigh ansin ag éisteacht le briathra a mbéal – daoine, le cúnamh Dé atá in aois vótála. Ach faraor, tá stáisiún atá ag feidhmiú go hiomlán as Gaeilge faoi mhíbhuntáiste ar roinnt cúiseanna. Sa chéad áit, níl an lucht éisteachta mór leathan ag an raidió beag s'againne atá ag na stáisiúin mhóra náisiúnta – agus tá líon na stáisiún dulta i méid le deich mbliana. Mar sin, an fiú do pholaiteoirí labhairt leis an stáisiún beag Gaeltachta, seachas Turas na Croise a dhéanamh ar Radio 1, Today FM agus Newstalk? An mbeidh a dhóthain de bhuntáiste acu as? An fiú an tairbhe an trioblóid? Go hiondúil, is cosúil gur fiú. Is fíor-chorr-Theachta Dála a eitíonn muid go rialta agus muid ar thóir agallaimh, fiú agus iarratas déanta air nó uirthi go minic. Baineann cuid de seo le dúil sa phoiblíocht, ach bíonn an gean ar an teanga agus meas ar an méid atá muid ag iarraidh a bhaint amach mar sheirbhís i gceist freisin.

Ach seachain an polaiteoir a bhfuil ag éirí go maith leis – b'fhéidir nach i bhfad a bheidh sé leat. Sin mar gheall ar go dtagann polaiteoirí chuig pointe, nuair atá siad sách fada suas an dréimire, nuair nach iad féin a shocraíonn a thuilleadh cé leis an mbeidh siad ag déanamh agallaimh. Tagann pointe, agus na polaiteoirí sin ina nAirí Rialtais, b'fhéidir, nó ina gceannairí freasúra nuair atá daoine eile thart timpeall orthu ag socrú cé leis a labhróidh siad agus cé a labhróidh leo. Agus dá airde dá dtéann siad, is ea is tibhe agus is duibhe a bhíonn an buíon preasoifigeach, rúnaithe pearsanta, agus comhairleoirí cumarsáide a bhíonn ina dtimpeall. Agus go tobann, san áit ar chuir tú glaoch sciobtha gutháin ar – tabharfaidh muid 'Peadar' air – agus rinne tú do phíosa cainte leis gan stró ar bith, anois, caithfidh tú labhairt le Nicky agus caithfidh Nicky labhairt le Charlie agus déarfaidh Charlie le Mark *'that some Olga from RnaG wants to do a piece with Peter ... '* 'Oh no,' a deir Mark *'he's far too busy to speak to them, he has George Hook this evening, not to mention the piece he's doing for the Late Debate ... anyhow, didn't he do a piece with them last year!'.*

Agus i gcaitheamh an achair seo uile, níl a fhios, fiú, ag do Pheadairín, a bhíodh chomh mór linn, go bhfuil muid ar a thóir, agus leanann sé ar an gcaoi sin, go dtí go gcailleann Peadar a shuíochán, nuair a bhíonn sé breá mór linn arís.

Ach is ceist eile, agus ceist sách tromchúiseach d'iriseoirí, an tionchar a bhíonn ag an nGaeilge ar an gcaoi a gcaitear le daoine faoi agallamh. Más fíor, mar a dúradh níos túisce, go bhfuil daoine ag labhairt linn mar go bhfuil siad báúil linne mar sheirbhís Ghaeilge agus leis an nGaeilge féin, an mbeidh siad chomh báúil céanna má tá a fhios acu go bhfuiltear le hiad a cheistiú go crua? An dteastaíonn siadsan uainne níos géire ná a theastaíonn muidne uathusan – agus an mbíonn sin i gcúl ár gcinn againn agus muid ag caint leo? An mbeidh siad againn arís má fhaigheann siad liobairt maidin éigin in agallamh dian? An mbeidh cathú ar an iriseoir a bheith róbhog ina chuid ceistiúcháin ar aoi, ar fhaitíos go socraíonn an té atá á cheistiú gan a bheith linn arís?

Agus an mbeidh siad in ann ag an agallamh sin sa chéad áit? Ní hionann an t-agallamh a déantar mar shampla, le hAire Rialtais i nGaeilge agus an ceann a dhéantar i mBéarla. Go hiondúil, tá cumas teanga an té atá ag cur an agallaimh i nGaeilge níos fearr ná mar atá ag an té atá faoi agallamh. Cé go mb'fhéidir go bhfuil Gaeilge mhaith ag an Aire Sláinte, mar shampla, is fíor-dhrochsheans go bhfuil sí níos fearr ná mar atá ag an iriseoir a bhfuil Gaeilge ó dhúchas aige. Agus, cé go bhfuil an chuma ar an scéal ar an gcéad fhéachaint go dtugann sé sin buntáiste don iriseoir, ní gá gur mar sin atá. An féidir le craoltóir agallamh crua a chur ar dhuine atá faoi mhíbhuntáiste teanga agus tuisceana? Cén chaoi ar féidir an scian a chur i bpolaiteoir, más léir gur ar éigin a thuigeann sé do cheist? Is ceisteanna iad seo a bhaineann go sonrach le hiriseoirí atá ag obair leis an nGaeilge sa tír seo agus is gnéithe dár gceird iad arbh fhiú, b'fhéidir, tuilleadh plé a dhéanamh orthu, agus féachaint go fuarchúiseach ar an tionchar a d'fhéadfadh a bheith acu ar ár gcuid iriseoireachta.

Agus scaití ní hí an easpa cumais sa teanga an fhadhb is mó a bhíonn againn agus muid sa tóir ar dhaoine a chuirfidh ar an eolas muid faoi scéalta móra an lae. Tarlaíonn sé go minic go gcuirtear cainteoirí ár mbealach a bhfuil a dteanga ar a dtoil acu. Bíonn cainteoirí againn a bhfuil an oiread Gaeilge acu agus a bhí ag Fionn Mac Cumhaill. Ach ní hin le rá go bhfuil aon eolas ar leith acu ar an ábhar atá á phlé againne. Sách minic, más é an Príomh-Fheidhmeannach atá ar an stáisiún i mBéarla, is é rúnaí cúnta an rúnaí chúnta a thairgtear dúinne – *but he has lovely Irish!*. An nglacann muid leis? An ndéanann sé cúis? Nuair is crua don chailleach …

Cá bhfágann sé seo uile muid? Fágann sé muid ag cur allais agus anró orainn féin ag iarraidh scéalta a chlúdach. Fágann sé muid ar an ngannchuid scaití, agus muid ag clúdach scéalta mar gheall ar go bhfuil cainteoir ar fáil dúinn, seachas mar gheall gurb iad na scéalta is fiúntaí iad. Fágann sé muid scaití ag caitheamh uaireanta an chloig i mbun eagarthóireachta, ag iarraidh, le cabhair na teicneolaíochta, dea-Ghaeilge a dhéanamh den droch-Ghaeilge. Agus fágann sé cinnte dearfa muid ar an gcéim is ísle stádais chomh fada agus a bhaineann sé le preasoifigigh agus oifigigh chumarsáide.

Mar sin, cén fáth a leanaimid leis? Muidne, a bhfuil suim againn inár gceird, atá ag iarraidh an scéal is tábhachtaí a chur i láthair an phobail ar an mbealach is géarchúisí? Cén fáth nach gcloíonn muid le scéalta Gaeltachta agus fuílleach cainteoirí ar fáil dúinn? Nó cén fáth nach dtugann muid uile ár n-aghaidh ar mheáin mhóra an Bhéarla le faobhar a chur ar ár n-uaillmhian? Agus go deimhin, cén fáth a n-éistfeadh éinne linne, nuair atá rogha leathan na stáisiún Béarla acu, agus Béarla ag chuile dhuine, idir phobal éisteachta agus an dream a labhraítear leo ar na stáisiúin sin?

Mar gheall ar gur fiú é!

Is é Raidió na Gaeltachta an t-aon stáisiún atá ag clúdach scéalta nuachta náisiúnta agus idirnáisiúnta *nach* bhfuil lonnaithe i mBaile Átha Cliath. Tá a thionchar sin ar chuile shórt – ar na scéalta a chlúdaíonn muid, na daoine lena labhraíonn muid, na tuairimí a bhíonn ag na daoine sin, na ceisteanna a chuireann muid. Is mór an phribhléid dúinn an stádas sin agus is luach breise í sin ar an iriseoireacht Ghaeilge.

Is é an príomhról atá ag an tseirbhís s'againne, freastal ar phobal na Gaeilge agus na Gaeltachta, agus ar na riachtanais shainiúla atá ag an bpobal sin – is é sin, plé a dhéanamh ar scéalta Gaeilge, Gaeltachta agus réigiúnacha nach gclúdófar in aon áit eile – agus clúdach chomh maith agus chomh héagsúil agus is féidir a dhéanamh chomh maith ar chuile ghné eile den nuacht.

Ach tá ról tánaisteach againn freisin chomh fada agus a bhaineann sé le mórshaol na hÉireann, an mórshaol nach bhfuil ach ról imeallach ag an nGaeilge ann. Tá muid ag tabhairt cúise do dhaoine atá sa saol poiblí a gcuid Gaeilge a úsáid. Tá muid ag cur brú ar eagraíochtaí poiblí agus príobháideacha urlabhraithe a bheith acu atá in ann labhairt ar a son i nGaeilge. Tá muid ag tabhairt deis do dhaoine – gnáthshaoránaigh a bhfuil eolas sainiúil éigin acu, fostaithe, Príomh-Fheidhmeannaigh, comhairleoirí, saoririseoirí – a gcuid Gaeilge a úsáid – agus tá muid á ngríosú le hí a fheabhsú.

Is muid an t-aon stáisiún raidió náisiúnta é nach bhfuil rialaithe ag meon docht daingean na príomhchathrach. Is é an t-aon stáisiún é nach gcloisfidh tú na haíonna céanna air, agus iad ag déanamh an rince chéanna chuile sheachtain, ó Marion Finucane, go Matt Cooper, agus anonn chuig Norah Casey.

Tá áiteanna ina bhfuil muid lag ach tá an oiread céanna réimsí agus níos mó ina bhfuil muid láidir. In imeacht na mblianta, tá forbairt déanta ag an raidió ar thráchtairí atá ar aon dul le héinne sa tír, i réimsí na heacnamaíochta, na staire, na polaitíochta, gnóthaí míleata, sa dlí, sa nuatheicneolaíocht. Tá daoine de bhunadh na tíre seo sa Fhrainc, sa Spáinn, san Iodáil, san Afraic, i Meiriceá Theas, san Astráil agus in áiteanna eile nach iad, atá in ann agus sásta iad féin a chur ar an eolas faoi ghné ar bith den saol thart timpeall orthu, leis an bpobal s'againne a chur ar an eolas.

Sin iad na daoine is mó a bhfuil moladh ag dul dóibh. Sin iad na daoine a bhfuil muide, agus ár bpobal éisteachta, ag brath orthu. Sin iad an dream a chuireann iad féin ar fáil, moch maidin agus déanach tráthnóna, chuile lá den bhliain, le cur ar ár gcumas ár gcuid oibre a dhéanamh i gceart. Ní dhéanfaidh siad a saibhreas go brách as na scillingí a íoctar leo as a gcuid saothair, ach bíodh a fhios acu go bhfuil an buíochas s'againne tuilte, agus á thuilleadh acu chuile lá a nglacann siad lenár gcuireadh a bheith inár dteannta.

Agus tá tuiscint acu ar an bpobal atá acu. Tá dearcadh acu – agus tá baint ag an nGaeilge leis – nach luíonn go hiomlán leis an dearcadh cúng, coimeádach, plúchtach atá le brath an oiread ar mheáin an Bhéarla, meáin a mbíonn muid uile ag brath orthu go pointe, ach meáin a bhfuil an chuma amanna orthu go bhfuil an dearcadh céanna ag chuile thráchtaire ar chuile cheist. Cé chomh minic agus a d'éist tú le ceann de na tionóil a bhíonn ag ionann is chuile stáisiún ar an Aoine agus go raibh chuile dhuine – idir chomhfhreagraithe polaitíochta, ionadaithe poiblí agus eile – ar an intinn chéanna faoi chuile shórt?

Agus ní hin amháin é. Ní chloisfidh tú: *'Let me be quite clear'* nó *'I'm glad you asked me that'* nuair is é a mhalairt atá i gceist in agallamh Gaeilge. Cé go bhfuil a dhóthain den doiléireacht tagtha isteach i gcur agus cúiteamh na Gaeilge, níl rian damanta na gcomhlachtaí cumarsáide le brath fós ar an agallamh Gaeilge. Níl thagann na frásaí casta, seachantacha atá ar bharr a ngoib acu i mBéarla chomh héasca céanna leo i nGaeilge– agus cothaíonn an tsimplíocht an fhírinne.

Is minic freisin (agus cuimhníonn muid arís ar lucht polaitíochta) go mbíonn daoine níos oscailte agus iad ag comhrá as Gaeilge. An é an chaoi go bhfuil siad ag ceapadh nach bhfuil an oiread seans ann go mbeidh a gcuid máistrí ag éisteacht leo? Nó an bhfuil siad ag smaoineamh an oiread ar na focail go ndéanann siad dearmad an cheist a sheachaint? Cá bhfios dom. Ach ó mo thaithí féin, is minice a gheobhaidh tú freagra díreach ar cheist shimplí ar RnaG ná ar na bealaí móra Béarla.

Mar sin leanfaidh muid orainn. Scaití clisfidh orainn. Scaití fágfaidh muid scéalta inár ndiaidh. Scaití cuirfidh na droch-chainteoirí lagmhisneach orainn. Scaití cuirfidh an easpa airde ó lucht na cumhachta cantal orainn. Scaití, déarfaidh muid linn féin nach fiú an t-allas ná an t-anró. Ach leanfaidh muid orainn mar gur fiú ann muid.

An saol polaitiúil ... beagán daonna; mórán claonadh

Harry McGee

Thosaigh mé ag plé le polaitíocht mar shainábhar i samhradh na bliana 2003. Dá ndéarfainn go raibh cúrsaí sách ciúin agus leamh i saol na polaitíochta, bheadh sé ar mo chumas a rá go raibh níos mó gníomhaíochta ar siúl faoi thalamh i Reilig Ghlas Naíon.

Bhí an comhrialtas idir Fianna Fáil agus an Páirtí Daonlathach i gcumhacht don dara téarma tar éis dóibh olltoghchán na bliana 2002 a bhuachan. Bhí Fine Gael scriosta agus ceisteanna á gcur faoi thodhchaí an pháirtí. Bhí Enda Kenny ceaptha mar cheannaire nua ar an bpáirtí d'uireasa aon iarrthóir láidir eile a bheith fágtha acu sa Dáil. Bhí amhras (agus is sofhriotail í sin) faoina ábaltacht agus údarás. Thairis sin, bhí Páirtí an Lucht Oibre thíos leis agus drochmheanma orthu. Taobh amuigh de sin, bhí scata ann ó na páirtithe beaga agus na binsí neamhspleácha. Bhíomar i ré na hiomarca gan aon chomhartha go raibh stad chun teacht leis an mborradh dochreidte (agus sin í an aidiacht chuí) a bhí ag teacht ar chóras eacnamaíochta na tíre.

Thosaigh mé mar eagarthóir polaitíochta leis an *Irish Examiner* ag tús mhí Lúnasa. Bhí sé chomh ciúin le hInis Oírr i lár an gheimhridh. Bhí an áit tréigthe, gan tásc ná tuairisc ar pholaiteoir ná státseirbhíseach ná na 'claonbholscairí.' Níos measa fós, nuair a cuireadh scairt teileafóin orthu, chloisfeá an ton fada gan briseadh, a déarfadh leat láithreach go raibh siad go léir thar lear ar laethanta saoire, sa *cabana* sa Spáinn nó san *appartement bijou* sa Fhrainc.

Bhí oifigín beag ag foireann pholaitiúil an *Examiner* ar an dara hurlár de shean-Teach Laighean ag an am, le radharc álainn ar Chearnóg Mhuirfean agus ar fhaiche Theach Laighean. Bhí an aimsir go haoibhinn an samhradh céanna agus is cuimhin liom mé ag breathnú amach go héadmhar ón áit a raibh mé sáinnithe.

Bhí mé liom féin ar feadh na míosa sin ós rud é go raibh m'fhoireann (beirt eile) ar saoire. Ar an drochuair, cé nach raibh faic ag tarlú, bhí sé fós de dhualgas orm scéalta a ghiniúint chuile lá. Ní raibh aithne agam ar mhórán polaiteoirí ag an am, ós rud é nach raibh mé fós tumtha sa chultúr sin, ná imithe i dtaithí ar na deasghnátha aisteacha a bhaineann le saol na polaitíochta.

Ar ndóigh, bhí bearnaí eolais móra ann maidir le himeachtaí na háite – cén chaoi a dtéann píosa reachtaíochta ar a thuras tríd an Dáil agus an Seanad? Cé hiad ardrúnaithe na Ranna móra? Cén áit a bhfuil fáil ar cháipéisí agus ar thuairiscí atá ullmhaithe do pháirtithe polaitíochta? Cén áit a bhfaighidh mé amach faoi imeachtaí an Oireachtais don Fhómhar.

Sa bhliain 2003, bhí cúig bliana de mo shaol caite agam ag plé le hiriseoireacht agus ní fhéadfainn a shéanadh go raibh mo dhóthain taithí agam. Ach cé go raibh obair déanta agam le nuachtáin, le hirisí (*Magill* go príomha), le raidió agus le teilifís, is le gné-ailt don chuid is mó a bhíodh mé ag plé agus níor bhac mé mórán le scéalta nuachta.

B'in míbhuntáiste mór mar fuair mé amach go sciobtha go mbraitheann iriseoireacht pholaitiúil ar scéalta nuachta go príomha – le héileamh go minic ar phíosa anailíse (nó *paralysis* mar a thugamar air) ach, faraor, ní raibh ach corriarratas ag teacht le haghaidh mo speisialtachta draíochtaí: an gné-alt de 1,500 focal nó níos mó.

Bhí neart taithí agam mar sin ach níorbh é an taithí cheart a bhí ann. Agus bhí bua na scríbhneoireachta agam ach ní don chineál ábhair a bhí m'eagarthóir nuachta in 'De Paper' ag lorg. Agus in éineacht leis sin, d'ainneoin na taithí go léir a bhí agam, ní chailltear an ábaltacht nádúrtha riamh *faux pas*, nó botún, nó rud amaideach amach is amach, a dhéanamh.

Sna blianta sular bhog mé, bhí mé ag obair sa *Sunday Tribune* mar scríbhneoir gné-alt, ag scríobh agallamh fada; ag dul thar lear chun tuairisceoireacht a dhéanamh ar chogaí agus ag déanamh iniúchtaí speisialta – droch-chaighdeán na n-áiseanna a bhí ar fáil do dhaoine le meabhairghalar, mar shampla.

Bhí mé idir dhá chomhairle maidir leis an jab san *Examiner* – ghlac mé é ar deireadh thiar thall mar go raibh Matt Cooper imithe mar eagarthóir ar an *Sunday Tribune* agus bhí éiginnteacht ann maidir le treo agus, ar ndóigh, todhchaí an nuachtáin. Mé féin a rinne an rogha chinniúnach agus, dá dheasca sin, ní raibh ábhar gearáin agam beag ná mór.

Fós féin bhí sé crua. Scríobh mé níos mó scéalta nuachta sa chéad mhí sa jab nua ná mar a bhí scríofa agam in iomlán na gcúig bliana déag roimhe sin. Bhí orm dul i dtaithí ar chuile ghné den pholaitíocht ar an bpointe boise – ní raibh aon éalú uaidh. Tarlaíonn sé sin i saol an iriseora. Nuair a tharla an ghéarchéim airgeadais agus baincéireachta, ní raibh eolas dá laghad ag mórán iriseoir ar bith faoi choincheapa ar nós 'éascú cainníochtúil' agus 'sealbhóirí bannaí sinsearacha'. Ach ag an am céanna bhí an t-ionchas ann go bhfoghlaimeoidís an saineolas láithreach.

Is cuimhin liom féin nuair a thosaigh mé le *Morning Ireland* in 1996. Ar an gcéad lá thug siad trealamh taifeadta dom gan treoir ar bith maidir lena úsáid. Agus dúirt an cláreagarthóir liom dul amach go Baile Bhlainséir, áit a raibh an Taoiseach John Bruton ag stocaireacht d'fhothoghchán Dála i gcomhluadar an iarrthóra, Tom Morrissey. Bhí an próiseas síochána sa Tuaisceart i sáinn ag an am agus an t-aon dualgas a bhí orm ná ceist a chur air faoi sin.

Nuair a fuair Bruton amach nach raibh aon suim agam san fhothoghchán ná in Tom Morrissey, chuaigh sé ar mire ghlan. Cé nár ardaigh sé a ghuth ba léir go raibh sé ar buile agus thosaigh sé ag clamhsán faoi *Morning Ireland* agus luíocháin agus iriseoireacht mhífhreagrach. Bhí mé féin neirbhíseach. Ní raibh aon taithí agam ar an trealamh. Ní raibh aon taithí agam ar agallamh a chur ar Thaoiseach a bhí ar tí pléascadh le taom feirge. Ar deireadh báire, d'fhreagair sé mo chuid ceisteanna (bhí mé náirithe ag m'easpa cruinnis agus mé ag éisteacht siar leis an agallamh). Ach bhí easpa grástúlachta ag baint leis na freagraí agus d'fhreagair sé iad, d'aon ghnó, i gcogar. Bhí botún déanta agam agus bhí an leibhéal taifeadta ró-íseal ar aon chaoi. I ndeireadh na dála, ní rabhamar in ann é a úsáid.

Agus mé ag filleadh ar an oifig, chuir urlabhraí an Taoisigh scairt ar oifig *Morning Ireland* chun casaoid a dhéanamh faoin iriseoir a rinne sárú ar phrótacal. Ghéill an t-eagarthóir agus níor baineadh úsáid as an bpíosa. Ar bhealach, ba mhór an gar é sin, ós rud é go riabh an caighdeán taifeadta chomh dona sin go raibh sé dochraolta.

D'fhiafraigh eagarthóir eile ar an gclár díom níos déanaí cén chaoi ar éirigh liom ar an gcéad lá sin.

'It was like being thrown into the deep end,' a dúirt mé. Ní dhéanfaidh mé dearmad go deo ar a fhreagra: *'You find out very quickly in this game that there is no such thing as a shallow end.'*

Mar sin de, nuair a thosaigh mé san iriseoireacht pholaitiúil seacht mbliana ina dhiaidh sin, bhí mé ag súil le huisce domhain ... ach níor dheas an rud é nuair a bhí mé ag streachailt chomh crua sin chun teacht suas le scéalta agus, ansin, go n-osclóinn an *Indo* nó an *Irish Times* agus thitfeadh an croí asam. D'fheicfinn go raibh scéalta den scoth acu (go hiondúil na scéalta céanna araon) nach raibh agamsa. Ar ndóigh bhí liosta teagmhála acu nach raibh agamsa go fóill agus chomh maith leis sin ní raibh aithne cheart ag na preasoifigigh orm ag an am chun nuacht nó ráflaí nó salachar a roinnt!

Ach ar ámharaí an tsaoil, tháinig scéal i mo threo de sheans a raibh cuma 'manna ó na Flaithis' air. Chuala ár n-eagarthóir réadmhaoine ráfla go raibh forbróir tar éis teach mór ardnósach Charlie Haughey (1925–2006) 'Abbeville', agus a thailte, a cheannach ar €30 milliún. Ba léir go raibh Haughey ag díol an tí chun fiacha cánach agus táillí dlí de €5 mhilliún a ghlanadh. Dúirt an oifig liom an scéal a dheimhniú go discréideach.

Chuir mé scairt ar dhuine de dhlúthchairde Haughey, nach raibh ina pholaiteoir. Dúirt sé nár chuala sé é sin ach go bhfaigheadh sé amach. Laistigh de leathuair chuir sé glaoch orm ag rá go raibh an scéal fíor agus go mbeadh an forbróir ag eisiúint ráitis go luath ina dhiaidh sin.

Thit mo chroí go grinneall. Bhí an scéal fíor ach ní bheadh tuairisc eisiach againn. Bheadh an scéal ag gach nuachtán an lá dár gcionn agus ní bheadh oiread na fríde idir eatarthu ó thaobh tosaíochta de. Shéan m'fhoinse go láidir go raibh baint ar bith aige leis an gcor a tharla. Ach bhí mé féin diomách. Bhí riail bhunúsach iriseoireachta dearmadta agam an lá céanna: má bhíonn scéal agat duit féin ná sceith an tseoid sin róluath.

Tháinig an samhradh meirbh sin chun críche agus d'fhill na polaiteoirí. Agus de réir a chéile chuaigh mé i dtaithí ar an saol aonarach seo. Tá Teach Laighean cosúil le scoil mhór chónaithe sa mhéid is gur áit bheag í, áit a bhfuil aithne ag chuile duine ar a chéile, agus áit í chomh maith nach ndéanann an méid sin tagartha don domhan mór lasmuigh – is minic a chloistear daoine ag caint faoin 'mbolgán polaitiúil' agus ní rófhada ón bhfírinne an cur síos sin.

Dúirt iriseoir iomráiteach as Sasana na blianta fada ó shin go raibh gliceas agus cluanaireacht an fhrancaigh ag teastáil ó iriseoirí. B'fhíor dó!

Tá a lán gnéithe rúnda ag baint leis an bpolaitíocht: cruinnithe rialtais; cruinnithe páirtí; tuairiscí a ullmhaítear d'airí nó do ranna rialtais; cinntí móra atá gan réiteach go fóill. Bíonn i bhfad níos mó spéise ag an mbuíon iriseoirí a bhíonn ag plé leis an bpolaitíocht i scéalta nó i rúin a tharlóidh amach anseo ná a bheith ag tuairisceoireacht ar rud atá ag tarlú nó atá tarlaithe. Níl rud ar bith níos mó a thugann sásaimh dóibh ná glacadh le heolas atá sceite maidir le cinneadh mór atáthar ar tí a fhógairt.

Ní haon ionadh é mar sin go mbraitheann níos mó scéalta polaitiúla ar fhoinsí anaithnide ná in aon eite eile den phroifisiún. Cé hiad na foinsí seo? Bhuel, is Airí iad, agus cúlbhinseoirí, agus Teachtaí ón bhfreasúra, agus státseirbhísigh, agus preasoifigigh, agus na comhairleoirí preasa (na claonbholscairí).

Bíonn cuspóirí éagsúla taobh thiar den chumhacht atá acu. Scaití bíonn siad ag iarradh droch-aird a tharraingt ar a gcéilí comhraic. Scaití bíonn siad ag iarraidh iad féin a chur chun cinn, ach gan a bheith rótheanntásach (i súile an phobail!) Scaití déanann siad an beart ar chúinsí idéalacha mar go mbíonn imní nó amhras orthu maidir le polasaí nó le cleachtas atá á bhagairt.

Ach arís caithfidh tú a bheith an-aireach nuair a bhíonn tú ag déileáil leis na foinsí sin. Nuair a dhiúltaíonn siad a n-ainm a úsáid, is féidir leo dul ar an ionsaí gan aon impleachtaí pearsanta a bheith ann dóibh féin. Anois is arís, insítear bréaga ar mhaithe le cáil duine eile a bhrú síos. Scaití sceitheann duine eolas i do threo a bhfuil cuma údarásach air – ach nuair a scagtar é níos déanaí is léir nach bhfuil fírinne ar bith ag baint leis.

Sa bhliain 2005, bhí a lán ráflaí ag dul timpeall na háite maidir leis an duine a d'ainmneodh Bertie Ahern mar chomharba ar Ivor Callely mar Aire Stáit. Bhí foinse maith agam i Roinn an Taoisigh agus gheall an duine sin go roghnódh Bertie Sean Haughey. Chuaigh mé ar *News at One* le Sean O'Rourke agus dúirt mé go scafánta go mbeadh Haughey ceaptha roimh dheireadh an lae. Uair an chloig níos déanaí, ainmníodh Mary Wallace mar Aire Stáit. Ba chuma gur tháinig a ceapachán aniar aduaidh ar gach éinne eile. Ba é an rud ba shuntasaí ná gur fhógair mé go poiblí gurbh é Haughey an té a gheobhadh an post. Ní raibh an ceart agam. Léirigh sé sin an fhadhb a bhaineann lena a bheith ag braith ar fhoinse aonarach amháin.

Scaití bíonn polaiteoirí ag casaoid go bhfuil na meáin róthógtha agus róchiaptha le pearsantacht agus *peccadillos*, le liúntais agus 'cluiche' na polaitíochta. De réir an argóna seo, ní chuirtear dóthain béime ar smaointe agus polasaithe agus a leithéid.

Rachainn leath bealaigh leis an argóint sin. Ach ní féidir an ghné dhaonna den pholaitíocht a sheachaint ag an am céanna. Ní féidir pearsantacht a dheighilt ó smaointe nó ó pháirtithe. Agus thairis sin, tá an pholaitíocht bunaithe go huile agus go hiomlán ar choimhlint; idir smaointe, idir páirtithe, idir polaiteoirí agus idir mianta éagsúla an phobail.

Agus ní le fíricí loma amháin a bhíonn muid ag plé. Bíonn eachtra i gceist i gcónaí (mar shampla nuair a thug na hAirí Airgeadais ón nGearmáin, ón Ísiltír agus ón bhFionlainn ráiteas nach mbeadh faoiseamh ar fáil d'aon stát a raibh fiacha stairiúla bainc acu). Cinnte, eascraíonn an scéal ón bhfíric sin. Ach an rud tábhachtach ná tomhas éigin a dhéanamh ar impleachtaí na heachtra sin. An ndéanfadh sé dochar don Rialtas agus, dá ndéanfadh, cá mhéad? Maíonn an Rialtas rud amháin. Maíonn páirtithe an fhreasúra rud (nó rudaí) eile. Bíonn a lán guthanna ag teacht salach ar a chéile le linn lae; brú ort chun an scéal a chur chun cinn; drogall ort buille faoi thuairim róláidir a thabhairt ar fhaitíos na bhfaitíos go bhfuil sé mícheart!

Nuair atá conspóid ann maidir le fimíneacht nó caimiléireacht nó caiteachas pearsanta nó faillí pearsanta, bogann rudaí rósciobtha. *'Feeding frenzy'* an béarlagair Béarla atá air. Chonaiceamar é i gcás Charlie Haughey, Bertie Ahern, costais taistil John O'Donoghue agus Ivor Callely. Chonaiceamar é le linn na seachtaine sular ghlac Éire an clár tarrthála. Chonaic muid arís é nuair a thit an tóin as an gcomhrialtas idir Fianna Fáil agus na Glasaigh. Feicimid é i chuile fheachtas olltoghcháin. An riail: uaireanta tarlaíonn rudaí chomh tapa sin go bhfuil sé deacair an lámh in uachtar a choinneáil ar scéal gan trácht ar bhreithiúnas a dhéanamh air.

Nílimid ag plé le stair. Dar leis an sean-nath, is é an iriseoireacht an chéad dréacht den stair. Ach ní réitím leis sin. Leis an bhfírinne a rá is frithstair atá i gceist leis an iriseoireacht pholaitiúil. Is cuma faoin lá inné. Is cuma faoin lá amárach. Táimid ag brath go huile agus go hiomlán ar an méid atá ag titim amach anois – ag tabhairt ár mbreith ar an gciall atá leis. Ní rud tanaí ná éadomhain é. Cuirtear comhthéacs agus, sea, saineolas, san áireamh.

Cuireann tionchar na teicneolaíochta leis an tuairim gur meán láithreach é iriseoireacht na polaitíochta. Agus gan dabht, déantar a lán lán botún agus tuartha míchearta. Sin iad rothaí an tsaoil. Ceart nó mícheart, is é an rud ceannann céanna a bheimid a dhéanamh amárach!

Sa tóir ar an mhargadh sa bhearna: dearcadh an fhiontraí

Máirtín Ó Muilleoir

Nuair a baineadh barr na méire de Shéamus Mac Seáin agus é ag cló an chéad chóip de *Gaedheal* (sea, sin mar a litríomar é) in 1979, ba thrua nár aithin mé sin mar theachtaireacht ó na déithe. Mar sa tríocha bliain a lean an t-innealra is sine agus is contúirtí go dtí na ríomhairí is nua-aimseartha, theip orm leathphingin a dhéanamh as aon fhoilseachán Gaeilge dá raibh baint agam leis. Agus, mar a thuigeann an fiontraí groí, gan brabach, níl aon ghnó inmharthana – fiú má tá oiread craic ag baint leis agus atá bainte leis an fhoilsitheoireacht Ghaeilge.

Nó mar a dúirt an t-iriseoir Breandán Delap tráth: Tá bearna sa mhargadh ach an bhfuil margadh sa bhearna? Níl, ach tá scoth na cuideachta ann. Agus greann.

Tóg an seanfhondúir, mar shampla, a d'fhreagair an nóta le haghaidh athshíntiús bliana nuair a scríobh mé chuige in 1999. Bhí mé go díreach i ndiaidh *Lá* a cheannach ón bhfoireann cheannródaíoch ardmhisnigh a bhunaigh an nuachtán míorúilteach laethúil – ar £15,000. Thugamar an nuachtán, mar aon le bunús na foirne, isteach chuig nead Ghrúpa Meán Bhéal Feirste gur chuardaíomar tríd an liosta de shíntiúsóirí a bhí imithe ar bhealach na peacúlachta – bhí a síntiús ídithe. Scríobh mo chomrádaí ar ais chugam: 'A chara, tá mé 96 bliain d'aois mar sin de is fearrde dom síntiús sé mhí a ghlacadh ach geallaim duit, má tá mé beo i gceann sé mhí, seasfaidh mé an ceann céanna arís.'

Agus mo léan gur sna *demographics* i gcónaí a bhí an margadh ár gciceáil. Ag cruinniú amháin le Newspread – príomhchomhlacht dáileacháin nuachtán in Éirinn, dúirt an ceannasaí go raibh íomhá aici de Léitheoir *Lá*. 'Tagann bean as mo chomharsanacht isteach ar a rothar go dtí an siopa áitiúil gach seachtain. Cóta mór uirthi agus an fáinne ina bóna aici. Isteach léi go dtí an siopa a cheannach *An Phoblacht* agus *Lá* agus as go brách léi ansin go ceann seachtaine.'

Bhíomar beag beann ar aon aisfhreagra a bhí diúltach, go hádhúil nó go mí-
ádhúil dúinn.

Ar nós díoltóir díograiseach árachais a ghlacann 'F.. *off*' mar chomhartha
spéise ina chuid polasaithe, níorbh fhéidir ár mire don Ghaeilge a leigheas.

Dhíolaimis *Gaedheal Bhéal Feirste* (dá gceadófaí fochaibidil, mhíneoinn
duit, a léitheoir chaoin – más ann duit, agus is minic a d'fhoilsigh mé
ábhar do léitheoirí nárbh ann dóibh – an gean a bhí againn ar an seanchló
Ghaedhealach as siocair ár gcúlra le Cumann Chluain Ard i mBéal Feirste
agus sinn sna déaga) thart ar na cumainn óil sna seachtóidí. Bhí an tír trí
thine, búistéirí na Seanchille ar a gcois gach oíche agus muidne ag siúl ó
chumann go cumann lenár nuachtán beag ceithre leathanach. Idir sin agus
síntiúsóirí agus corrchóip sna siopaí, seans go raibh 400 léitheoir sa tír againn.

Agus cad é mar bhí sin duit, a stór? Bhuel, bhíomar mar a bheadh mo
chomrádaí Pádraig Ó Maolchraoibhe ann an lá a raibh raic idir an Brainse
Speisialta agus díorma de phoblachtánaigh sa British Home Stores i Márta
1986. Bhí an stóras uile i Sráid Uí Chonaill ina chiolar chiot agus Evelyn
Glenholmes chóir ag iarraidh éalú ón Bhrainse nuair a ghuailleáil bleachtaire
Pádraig in éadan seastán *lingerie*. 'Bhí mé go dtí an dá shúil i mbrístíní mná,'
arsa Pádraig. 'Bhí sé AR FHEABHAS.'

Sin mar bhí sé againne: ag troid na troda maithe ar son na Gaeilge,
ag foghlaim cheird na bolscaireachta agus na hiriseoireachta agus na
fiontraíochta. Agus ní dóigh liom go rabhamar riamh chomh crua agus
a shíl ár mbráithre agus ár siúracha i ngluaiseacht na Gaeilge ó dheas.
Cé gan amhras nár laghdaigh a ndearcadh orainn mar *desperados* na
hathbheochana le cartún a chum Michael Flanigan (anois ina dhlíodóir
measúil sa Cheathrú Ghaeltachta) don chéad eagrán de GBF: fear ag siúl
isteach i dteach tábhairne, ordaíonn sé pionta leanna. 'Cuir cloigeann air,'
ar seisean, cuireann an tábhairneoir cloigeann fuilteach nuaghearrtha ar
bharr an ghloine. 'Cuireann sé masmas orm,' arsa léirmheastóir raidió RTÉ
(sna laethanta sin bhíodh clár beag léirmheastóireachta ar na foilseacháin
Ghaeilge gach Satharn ar RTÉ. Bhímis ar bís ag éisteacht leis; ba gheall le
X-Factor agus *Big Brother* in aon chlár amháin é dúinne.)
Mhair *Gaedheal Bhéal Feirste* bliain nó mar sin ag teacht amach anois is arís

(más mian leat dátaí agus fíricí, fostaigh taighdeoir!) nó gur casadh Gearóid Ó Caireálláin orm. Anois b'in iriseoir den scoth. Tiomanta, deisbhéalach, géar, stíliúil, agus daingean. Bhí nuachtán seachtainiúil Gaeilge aigesean, *Preas an Phobail*, a bhí i bhfad Éireann ní b'fhearr ná an *Gaedheal*. Leoga bhí cailín leathanach a trí aige – agus cé nach bhfuil sé ceart go polaitiúil a leithéid a rá, níl de chuimhne agam ar aon rud a bhí ar *Phreas an Phobail* ach go raibh scoth na mban (Gaelach, gan amhras, agus níos mó éadaí orthu ná mar a bheadh ar Miss Tehran) ar leathanach a trí. Níl a fhios agam cad é a deir sin faoi *Phreas an Phobail* – iris shnasta, dhea-scríofa, phroifisiúnta – ach tá mé cinnte go ndeir sé a lán fá dtaobh díomsa!

Ní dóigh liom gur shaothraigh Gearóid aon phingin brabúis as *Preas an Phobail* – bhí sé féin is a fhoireann ar scéimeanna fostaíochta de chuid an rialtais agus ag fáil corrphunt faoin tábla. Ach spreag seisean glúin de ghníomhaithe Gaeilge sna luath-ochtóidí; dream a chuir tús leis an Chaifé Glas, leis an siopa leabhar An Ceathrú Póilí, le pobal na hArd-Scoile agus a rinne cinnte de go mbeadh pobal láidir Gaelach i mBéal Feirste.

Agus nach in é an cuspóir a bhíonn ag nuachtán ar bith ar fiú nuachtán pobail a thabhairt air: tionchar dearfach a imirt ar do phobal fad is atá tú ag cur sársheirbhís nuachta ar fáil.

Ba é sin mo *credo*-sa cibé. Agus nuair a thiontaigh lacha mhíofar *Preas an Phobail* isteach ina eala galánta laethúil, *Lá*, bhí áthas orm a bheith ag scríobh dó mar cholúnaí.

An t-am sin bhíodh cosc orm labhairt ar na haerthonnta ó thuaidh agus ó dheas as siocair mé a bheith bainteach le Sinn Féin. Mar sin de, b'éigean do léitheoirí bochta *Lá* cur suas le gach masla, líomhain, agus focal mailíseach in éadan mo chuid naimhde nach raibh cead agam a rá os ard ar RTÉ nó ar an *Beeb*. Cé nár íocadh mé as na hailt sin – agus chuaigh an chuid is mó a bhí ar an taobh shábháilte de na dlíthe clúmhillte isteach sa leabhar *Holy cow, sin ceann mór* (1991) (is iad na cinn is fearr na cinn is sine) – rinne mé punt nó dhó nuair a cheannaigh muid *Lá*.

Óir mhaígh an *Irish Times* go ndearnamar 'tairiscint nach dtiocfadh leo a dhiúltú' (à la Tony Soprano) d'úinéirí *Lá*, Gearóid Ó Caireálláin ina measc.

Thug an *Irish Times* bocht costas iomlán phraghas *Lá* ar ais dúinn mar chúiteamh ar an leabhal sin agus beagán fágtha ina dhiaidh. Ní bhuaileann an lasair an áit chéanna dhá uair, a deirtear, ach tháinig mo bhád isteach arís go luath ina dhiaidh sin nuair a dúirt an nuachtán céanna gurbh ionann an *Andersonstown News* agus an tIRA.

Nuair a ghlacamar seilbh ar *Lá* in 1999, ba é ár rún a theacht amach arís go laethúil am éigin. Mar bhí an t-éacht sin déanta ag Gearóid Ó Cairealláin, Áine Nic Gearailt agus Eoghan Ó Néill nuair a chéadfhoilsigh siad *Lá* i Lúnasa 1984 gan ullmhú dá laghad, mar a d'admhaigh siad féin. 'Bhíomar óg, bhí fuinneamh le dó againn agus bhíomar ar bís chun rudaí mire a dhéanamh. Díreach lá amháin gur bheartaigh muid é a dhéanamh agus ag an deireadh seachtaine dár gcionn go ndearna muid é,' arsa Eoghan.

Ba mhór an trua é nach raibh an misneach céanna agam nó an mhire chéanna orm. In áit *Lá* a bhogadh chuig leagan laethúil láithreach, thosaigh mé á phlé le húdaráis, le cuntasóirí, le dlíodóirí agus le comhairleoirí dlí. Chuir mé an iliomad péirí bróg ar pháistí na gcomhairleoirí céanna leis an iliomad staidéir féidearthachta ar nuachtán laethúil Gaeilge.

Cé gurb é laige *Lá* gur smaoiníomar leis an chroí agus chan leis an cheann – cad chuige eile a mbacfadh duine le nuachtán laethúil Gaeilge nó leoga le haon fhoilseachán Gaeilge – ach sa tréimhse seo chuamar san abar i bpleanáil , i bhfochoistí straitéise agus i réamhullmhúcháin. Barraíocht airde tugtha don cheann, dar liom.

Dá dtuigfinn an t-am sin an rud a thuigim anois, ní chuirfinn oiread ama amú ag cur achainíocha chuig Foras na Gaeilge agus chuig ranna rialtais éagsúla ag iarraidh orthu tacú le pleananna toirtiúla gnó a chruthaigh go mbeadh nuachtán laethúil Gaeilge inmharthana. Ina áit sin, b'fhearr i bhfad tabhairt faoi ar an tuiscint NACH féidir le foilseachán Gaeilge a bheith brabúsach.

Ach pribhléid atá ann nuachtán laethúil Gaeilge a fhoilsiú. Mar a deir Liam Mac Cóil faoin scríobh i nGaeilge: 'Tá sé deacair scríobh i dteanga ar bith. Ach a bheith ag scríobh i nGaeilge, do lucht na Gaeilge, céard eile atá ann ach pribhléid?' *(Nótaí ón Lár, 2002)*.

Bhain sé an chuid is mó de cheithre bliana sular fhoilsíomar *Lá* go laethúil arís: 28 Aibreán 2003. Bhí sé beagán níos toirtiúla ná an ceithre leathanach laethúla a bhíodh á gcur amach ag Gearóid Ó Cairealláin idir na blianta 1984 agus 1991 agus oifigí in áiteanna againn i mBéal Feirste agus i dTír Chonaill – a bhuí sin le cistí na hEorpa.

I ndiaidh cúpla bliain de chruinnithe in oifigí rialtais, shocraigh foireann *Lá* thar chupán caife in Óstán Chluain Tairbh i mí na Bealtaine 2002 go dtiontódh siad an seachtanán ina pháipéar laethúil. Agus cé gur bhain sé tamall orainn, bhí sé ina *Lá Nua* bliain is an t-am sin.

Agus choinníomar ag streachailt linn go dtí deireadh na bliana 2008. Níor éirigh linn riamh dul thar 2,500 léitheoir dílis agus sháraigh orm an fhadhb ghnó is mó a bhaineann le nuachtán clóite náisiúnta a fhuascailt: cad é mar is féidir nuachtán a chur i lámha gach Gaeilgeoir?

Bhí mé den tuairim faoin am a stadamar gur fearr an nuachtán a thabhairt ar shiúl saor in aisce ach fiú sa chás sin, caithfidh an Gaeilgeoir a bheith in ann greim a fháil ar an nuachtán – ag Starbucks, mar shampla, nó in áras Aontas na Mac Léinn. Nach chuige sin a cruthaíodh an tIdirlíon?

Is fíor sin fosta agus seans gur fearrde gach duine a bhfuinneamh a dhíriú sa treo sin as seo amach. Chuireamar an moladh sin os comhair na n-údarás agus sinn ag druidim le deireadh ár gconartha in 2008 ach chloígh siad le conradh le haghaidh 'nuachtán seachtainiúil clóite.' Bhí a leithéid againn go dtí gur fógraíodh ar Lá Fhéile Bríde 2013 go mbeadh deireadh ag teacht le *Gaelscéal.*

Ní thig liom m'intinn a dhéanamh suas an rabhamar roimh ár n-am nó ina dhiaidh nuair a tháinig muid aníos leis an phlean don nuachtán laethúil Gaeilge seo. Rómhall seans, mar ní raibh muid riamh thar mholadh beirte maidir le poncúlacht ama de. Is cuimhin liom lá amháin agus sinn ar an traein go Baile Átha Cliath le picéad a chur ar dhinnéar galánta na nGradam Náisiúnta Preasa as siocair nach nglacfadh siad le hiarratais ón Tuaisceart. Tháinig scairt isteach ó oifigeach preasa na nGradam agus é buartha go rabhamar caillte. 'Tá gach rud thart,' ar seisean, 'lón galánta a bhí againn i mbliana chan dinnéar tráthnóna.'

Ba mhaith liom go fóill nuachtán laethúil Gaeilge a bheith agam gach lá, agus d'íocfainn ar a shon ach seans nach bhfuil go leor cosúil liom sa tír. Agus mar sin de, tá bearna sa mhargadh ach ní cosúil go bhfuil margadh sa bhearna.

Mar sin féin, b'fhéidir go dtiocfadh dream óganach a dhéanfaidh an gníomh arís – agus fiontraí ina measc a thiocfaidh ar bhealach le pingin nó dhó brabúis a dhéanamh as.

Caidreamh poiblí: ag fí agus ag sníomh

Cilian Fennell

Níl sa saol seo ach na scéalta a insímid fúinn féin agus na scéalta a insítear fúinn. Is bunaithe ar na scéalta seo a dhéanaimid na roghanna agus na cinntí a thugann treoir dár saol. Leis an léine a chaithimid nó an carr a cheannaímid, táimid ag insint scéil fúinn féin. Insíonn an vóta a chaithimid nó an charthanacht a roghnaímid scéal eile fúinn. Ag chuile nóiméad de chuile lá, táimid faoi smacht ag ár scéalta.

Is é an jab atá ag an ngníomhaire caidrimh phoiblí ná scéalta a mhúnlú sa chaoi is go dtabharfaidh an pobal níos mó airde orthu. Is cuma an scéal faoi tháirge, faoi chomhlacht, nó faoi pháirtí polaitíochta a bhíonn i gceist, is iad na gníomhairí i gcónaí a dhéanann iad a chur chun cinn os comhair an phobail. Tá na mílte gníomhairí ag feidhmiú sa chaidreamh poiblí agus is uathu siúd is mó a thagann na scéalta a fheicimid sna meáin sa lá atá inniu ann.

Cuimhnigh ort féin anois agus feicfidh tú an méid scéalta atá ag dul i bhfeidhm ort. Cuimhnigh ar na rudaí a cheannaíonn tú, na héadaí atá á gcaitheamh agat, an IPhone atá i do lámh agat, an ceol a n-éisteann tú leis nó an deoch a ólfaidh tú anocht. An gcreideann tú go ndearna tú na cinntí sin as do stuaim féin? Nó an raibh údar eile gur roghnaigh tú iad? An raibh cogar i do chluas ag rá go mbeifeá níos cliste, níos tarraingtí nó níos sásta le rogha amháin thar aon cheann eile?

Tá an oiread sin rudaí a mbíonn tionchar acu ar gach rogha a dhéanann tú. Is í fírinne an scéil ná, i ngan fhios duit, go mbíonn tionchar ag na mílte páirtithe éagsúla, idir lucht margaíochta, fógraíochta, lucht caidrimh phoiblí agus do chairde, ar gach uile rogha a dhéanann tú. Oscail na nuachtáin, éist leis an raidió nó caith súil ar Facebook agus feicfidh tú a dtionchar go forleathan. Tá na mílte teachtaireachtaí ag teacht as gach treo agus cur chuige éagsúil ag gach ceann acu. Tagann siad ó na gníomhairí céanna agus iad ag sleamhnú a dteachtaireachtaí isteach i do chloigeann agus i do chroí.

Ná hith é seo, tabhair aire dó siúd, lig do scíth, téigh ag rith, caill meáchan, ith go folláin. Seo iad na teachtaireachtaí a chloisimid chuile lá, ach taobh thiar de chuile theachtaireacht tá teachtaire nó duine eile gur ar mhaithe leis atá an teachtaireacht á tabhairt.

Tá trí bhealach ar leith ina dtéann na comhlachtaí nó na heagrais seo i bhfeidhm orainn – fógraíocht, margaíocht agus caidreamh poiblí.

Abair go bhfuil tú ag díol sicíní. Bainfidh tú úsáid as fógraíocht chun a insint don domhan go bhfuil tú ag díol sicíní breátha ar luach maith airgid. Ansin úsáidfidh tú margaíocht chun go mbeidh an sicín pacáilte go deas agus le feiceáil go soiléir sa siopa. Ach úsáidfidh tú caidreamh poiblí chun an mothúchán faoi agus an gaol atá ag an sicín le comhlacht nó le feirmeoir faoi leith a mhúnlú agus a fhorbairt.

B'fhéidir go dtabharfá sicíní uait le haghaidh cluichí cártaí i do cheantar, b'fhéidir go mbeadh cur síos ar an bhfeirm agus na cleachtais orgánacha a úsáideann an feirmeoir sa pháipéar nó b'fhéidir go mbeadh agallamh ar an raidió faoin méadú atá pleanáilte agat ar an gcomhlacht agus na poist a chruthóidh tú. Is anseo a thabharfaidh an gníomhaire caidrimh phoiblí cúnamh duit.

Tá míle agus tuilleadh bealach ann chun caidreamh a dhéanamh leis an bpobal. Tá siad ar fad feicthe agam, agus tá cuid mhaith acu déanta agam féin ar an dá thaobh den scéal. Duine ar bith a bhíonn ag plé leis na meáin, níl éalú acu ó shaol an chaidrimh phoiblí de bharr an dlúthbhaint atá idir na meáin agus an saol tráchtála.

Bím ag gáire anois nuair a fheicim scéalta sna páipéir agus tuiscint agam ar a bhfoinse. Mar shampla, breathnaigh roimh bhuiséad ar bith agus beidh slam alt agus míreanna sna meáin faoin dochar a dhéanfadh an gearradh seo nó an gearradh siúd do phoist tógála, nó san earnáil turasóireachta nó don infheistíocht sheachtrach nó cibé guth agus gluaiseacht atá taobh thiar den alt. Bailíonn siad cúpla staitistic le chéile, faigheann siad ráiteas ó dhuine éigin, déanann siad an cás eacnamaíochta agus ansin glaonn siad ar iriseoir, eagarthóir nó léiritheoir éigin lena gcás a chur agus an scéal a scaipeadh. I ndáiríre, fáiltíonn na hiriseoirí roimh scéal den chineál seo a bhfuil an obair déanta dóibh mar bíonn spás le líonadh acusan freisin. Agus cá bhfios, b'fhéidir go bhfuil buidéal fuisce nó ticéid in aisce in ann dóibh freisin má chomhoibríonn siad.

Go minic freisin, bíonn eagraíochtaí poiblí ag iarraidh a luach a chur in iúl don phobal, agus i roinnt cásanna ag iarraidh a mheabhrú don phobal go bhfuil siad ann in aon chor. Is mar seo a chinntíonn siad go mbeidh buiséad acu an bhliain seo chugainn.

Bhí mé i mo shuí lá amháin in oifig an *Late Late Show* agus tháinig glaoch isteach chuig an oifig ó chomhghleacaí de mo chuid in RTÉ, Seán Whelan. B'fhéidir, a deir sé, nach mbeadh aon suim agat anseo, ach fuair mé glaoch ó Ghníomhaireacht Spáis na hEorpa (GSE) agus tá siad ag lorg roinnt cúnaimh. 'Céard a d'fhéadfadh muid a dhéanamh dóibh?' a d'fhiafraigh mise. 'Bhuel,' a deir Seán, 'is iad an GSE an áisíneacht Eorpach a chuireann satailítí sa spás leis an roicéad Ariane as Guáin na Fraince agus tá Éire ina bhall den eagraíocht.' Dúirt sé gur thosaigh an togra in 1972 agus go raibh siad ag lorg roinnt poiblíochta. 'Tá siad ag iarraidh a theacht ar chailín éigin in Éirinn a rugadh thart ar am sin agus a bhfuil an t-ainm Ariane uirthi,' ar sé. Mhínigh sé dom ansin go raibh an cuardach céanna ar siúl i ngach tír san GSE agus go raibh sé i gceist iad uile a thabhairt go Guáin na Fraince chun an seoladh is déanaí a cheiliúradh, le go nglacfaí pictiúr de sheacht gcailín déag darbh ainm Ariane as seacht dtír déag agus iad uile 17 mbliana d'aois. Cheap mé go mba dheas an smaoineamh a bhí ann. 'Tá go maith,' a deirim féin, 'déanfaimid iarracht. Má tá a leithéid sa tír, tiocfaidh an *Late Late* uirthi.'

An Aoine dar gcionn, sheas Gay sa lucht féachana. Bhí dhá chárta mhóra aige agus an méid seo a leanas scríofa orthu: *'Is your name Ariane, were you born around January 1972? If so, get in touch with Late Late Show, RTÉ Dublin 4.'*

Sin é an méid …

Thosaigh na litreacha agus na facsanna ag teacht isteach; bhí Mariannes agus Orionas agus Arlenes ann, bhí Marlenas, Andreas agus Riana ann, ach ní raibh Ariane ar bith ann. Bhí an t-am ag sleamhnú agus an Aoine ag teacht. Cá bhfaighimis Ariane?

Ansin tháinig glaoch ón GSE. 'Cén chaoi a bhfuil ag éirí libh?' a d'fhiafraigh an bhean. D'inis mé di nach raibh éirithe linn go fóill. 'Tá go maith coinnigh ar an eolas mé,' a deir sí, 'Dála an scéil, cén t-iriseoir a bheidh ag dul leis an gcailín?' 'Céard?' a deirimse. 'Bhuel ní dócha go mbeidh sí ach 17 mbliana d'aois agus beidh muid ag iarraidh ar dhuine éigin fásta taisteal léi go Guáin na Fraince. Glacaim leis gur tusa a bheidh ann? An bhfuil pas agat agus an bhfuil aon bhac taistil ort?' Stop mé ansin. Bhí bean ar an bhfón ag rá liom go raibh mé le dul ar thuras seachtaine go Guáin na Fraince ach cailín darb ainm Ariane a aimsiú. 'Is mé go deimhin.' a deirim. ' Tá mo phas réidh agus níl aon bhac taistil orm.' Anois ní raibh orm ach Ariane a fháil nó smaoineamh ar bhealach éigin a dtiocfainn thart air.

Ar an Déardaoin, agus gan ach lá le dul go dtí an *Late Late Show*, bhí an cath beagnach caillte. Agus ansin, shleamhnaigh facs amach as an meaisín agus ba ghleoite é: *'Hello, My name is Ariane, I am 17 years old and the captain of my school debating team. I heard that you were looking for someone like me.'*

Chuaigh muid i dteagmháil lena máthair ar an bpointe. An mbeadh Ariane in ann taisteal ar an Satharn? Bheadh! An mbeadh a máthair in ann í a thabhairt chuig an dochtúir agus na hinstealltaí a theastaigh a fháil faoi rún? Bheadh! Agus an mbeadh siad in ann a bheith ar an *Late Late Show* ar an Aoine chun go dtabharfadh muid an scéal di beo ar an aer. Bheadh! Bhí linn!

An Aoine sin, chonaic mé an gliondar a bhí ar chailín óg nuair a dúradh léi go mbeadh sí ag dul ar thuras go Meiriceá Theas an mhaidin dár gcionn! Luaigh muid an togra Ariane, thaispeáin muid pictiúr den seoladh agus fuair an GSE an pluga a bhí uathu. Maidin lá arna mhárach, bhíomar beirt ar eitleán ag trasnú an Atlantaigh agus ar *junket* caidrimh phoiblí. Foilsíodh an pictiúr sin de na seacht gcailín déag ar fud an domhain agus fuair an GSE an phoiblíocht a bhí uathu. Sin mar a oibríonn an cluiche seo ag barr a réime.

Ach ní *junkets* ar fad a bhíonn i gceist le caidreamh poiblí faraor. An chuid is mó den am is mealladh agus slíomadóireacht a bhíonn i gceist. Ag glacadh le glaonna ó ghníomhairí 'gealgháireacha' le drochsmaointe, atá faoi bhrú óna gcliant agus sprioc-am dúshlánach ag teannadh leo, a chaith mé tréimhse maith de mo chuid ama ag an *Late Late*. Déanann siad rud ar bith le lucht féachana an *Late Late* a mhealladh. Bhíodh gach díoltóir leabhar agus scannán, gach Roinn Rialtais le polasaí nua, gach polaiteoir le smaoineamh fánach ag briseadh an dorais ag iarraidh deis a fháil chun dul ar an gclár.

Bhíodh suas le scór iarratas againn gach seachtain don *one for everyone in the audience*. Bhí na scórtha comhlacht i gcoimhlint le haghaidh an *postal draw* agus bhíodh muid i gcónaí ag iarraidh a scagadh céard a bheadh go maith don chliant agus don seó. Bhí dínit agus caighdeán an tseó le coinneáil againn. An rud ba mheasa ná nuair a thiocfadh comhlacht éigin le hairgead ach gan smaoineamh taobh thiar dó. Déarfainn leo ansin gur cheart an t-airgead a chaitheamh ar fhógraíocht. Tá caidreamh poiblí níos caolchúisí ná sin.

Nuair a thosaigh mé ar an *Late Late Show*, rinne mé mo chuid caidrimh phoiblí féin. Bhuail mé le gach eagarthóir nuachtáin náisiúnta sa tír agus chas mé le chuile léirmheastóir teilifíse. An rud a bhí uaim ná go gcuirfidís éadan le hainm agus má bhí siad le muid a cháineadh, ar a laghad go mbeadh níos mó bá acu linn de bharr go raibh aithne acu orm. Sin é an chaoi a n-oibríonn sé, faraor. Is gaol anonn is anall atá i gceist. Bheadh suim ag na páipéir a gcuid tuairisceoirí a bheith ar an *Late Late*, agus bheadh mise ag iarraidh go dtabharfadh na páipéir bolscaireacht dúinne. Lóin, dinnéir agus deochanna. Is iad seo a ghríosaíonn rothaí an chaidrimh phoiblí. Bronntanais mhóra um Nollaig ag súil go dtabharfá deis dóibh ar an seó. Bhuail mé le hambasadóirí, polaiteoirí, ealaíontóirí, lucht gnó, lucht carthanachta, spóirt, siamsaíocht agus iad siúd a bhí ag lorg cáil dóibh féin. Ar dtús, má insím an fhírinne, bhí mé faoi gheasa acu uile: na bialanna breátha, na clubanna galánta, na hoícheanta iontacha amuigh. Schmúzáil. Bhí mé i mo rí beag agus chuile dhuine ag iarraidh a bheith i mo chomhluadar. Nó sin mar a cheap mé. De réir a chéile thuig mé an tseanfhírinne, nach raibh a leithéid de rud ann agus lón in aisce. Bhí mo dhóthain agam. Thosaigh an loinnir ag titim den jab. Bhí mé ag cur suas meáchain agus ag ól an iomarca. Bhí rud éigin le déanamh gach oíche, duine éigin eile dom iarraidh amach. Agus i ndáiríre, bhí ísle brí ag teacht orm mar thuig mé nach mise a bhí uathu ach an seó a raibh mé i bhfeighil air. Ba é cumhacht mo lucht féachana a bhí uathu seachas mo chomhluadar-sa.

Mar sin de, lá amháin, tar éis lóin fhada eile, tarraingthe amach le mionchaint, rinne mé cinneadh: nach gcasfainn le héinne níos mó ach amháin in RTÉ agus go gceannóinn féin an caife nó an ceapaire feasta. Ar an gcaoi seo, scaoil mé mé féin ó chomaoin ar bith agus bhraith mé mo neamhspleáchas ag filleadh chugam. De bharr gur ar mo thalamh féin a bhí na cruinnithe ag tarlú agus gur as mo phóca féin a tháinig an cupán tae, bhí sé níos éasca freisin daoine a dhiúltú agus díriú ar an rud ab fhearr don chlár.

Anois táim ar an taobh eile den sconsa. Cé nach é bun agus barr mo chuid oibre, is cuid den obair a dhéanann mo chomhlacht, Stillwater Communications, ná seirbhísí caidreamh poiblí a sholáthar d'eagrais agus comhlachtaí. Céard a bhíonn uathu? A scéal a scaipeadh. Uaireanta is feachtas a bhíonn ar siúl acu agus bíonn siad ag iarraidh an pobal a mhealladh chun tacú leo. Airgead a bhailiú, cúis a chraobhscaoileadh, brú a chur ar pholaiteoirí nó ar riarthóirí agus mar sin de.

Leis an taithí atá agam féin, tuigim an rabharta eolais agus brú a thagann ar na meáin gach cúis nó feachtas a chlúdach gach lá agus chuile dhuine ag ceapadh gur cheart go mbeadh a scéal féin níos tábhachtaí ná aon cheann eile.

Ag deireadh an lae, roghnóidh an t-eagarthóir na scéalta a theastaíonn uaidh nó uaithi bunaithe ar an tsuim a cheapann siad a bheidh ag a léitheoirí ann. Ní carthanacht iad na meáin, teastaíonn scéalta suimiúla uathu. Níl dada níos measa ná an preasráiteas a léamh a dhéanann cur síos ar rud éigin tábhachtach. *Worthy but dull* a thabharfaimis air sin agus níl dada níos measa ná *dull*. Dá bhrí sin, má tá tú ag iarraidh poiblíochta nó bolscaireachta do do thogra (atá níos tábhachtaí ná aon rud ar domhan dar leatsa), bí cinnte go bhfuil rud éigin suimiúil le rá agat, go bhfuil fíric nó eolas nua ann agus scéal a gcuirfeadh daoine suim ann. Má tá carachtair shuimiúla agat, bí cinnte go luaitear iad agus cúpla ráiteas uathu. Má tá brú ama nó airgid i gceist, bí cinnte go gcuireann tú sin in iúl. Ba cheart duit a bheith i gcónaí ag smaoineamh ar an lucht éisteachta agus ar léitheoirí agus an cheist a chur ort féin – cén fáth a mbeadh suim acu sa scéal seo? Tosaigh ansin agus beidh seans níos fearr agat.

Bíonn an gaol idir na meáin agus an saol tráchtála níos casta amanna. De bharr go bhfuil cumhacht ag eagrais mhóra, is féidir leo brú níos mó a chur ar eagarthóirí spás a thabhairt dá gcuid scéalta de bharr an mhéid airgid a chaitheann siad ar fhógraíocht nó de bharr na cumhachta atá acu sa réimse ina mbíonn siad ag feidhmiú. Mar shampla, is minic agus mé ag obair mar léiritheoir a chuirfeadh foilsitheoir brú orm agallamh a chur ar údar beag le rá faoi bhagairt intuigthe nach bhfaighinn an réalta mhór nuair a thiocfadh an lá. Is mar a chéile an scéal i gcás lucht ceoil, scannáin agus eile – tabhair aire dúinn inniu agus tabharfaidh muid aire duitse arís. Uaireanta caitear íobairtí a dhéanamh ar mhaith leis an dea-chaidreamh a choinneáil.

Tuigim an t-ocras a bhíonn ar dhaoine a gcuid scéalta a scaipeadh. Nuair a chuireann tú obair agus dua i dtogra, is deas go mbíonn a fhios ag an domhan faoi. Má chreideann tú i do chomhlacht nó do chúis, is beag ionadh go mbeifeá ag iarraidh tacaíocht an phobail dó. Ach faraor, tá roinnt rudaí atá níos deacra poiblíocht a fháil dóibh ná rudaí eile, imeachtaí Gaeilge ina measc. Bhuel, chuirfinn Gaeilge ar bharr an liosta b'fhéidir. Tá sé an-deacair clúdach maith a fháil d'imeachtaí nó do scéalta Gaeilge taobh amuigh de na meáin Ghaeilge. Tá sé éasca poiblíocht a fháil do rud éigin naimhdeach cosúil le hagóid ón gCoimisinéir Teanga, nó caiteachas áiféiseach ar aistriúchán, nó cailín bocht a cuireadh abhaile ón nGaeltacht de bharr Béarla a labhairt. Cén fáth? Mar luíonn na rudaí seo leis an dearcadh atá ag go leor daoine ar 'lucht na Gaeilge'. Chomh maith leis sin, ní shíleann eagarthóirí ná léiritheoirí go bhfuil suim ag an bpobal leathan i rudaí a bhaineann le Gaeilge. Bheadh siad sa gcatagóir *worthy but dull* nó *them lot whinging again*.

Nuair a thosaigh muidne ag déanamh poiblíochta d'eagrais agus d'imeachtaí Gaeilge, bhíomar ag snámh in aghaidh easa. Thóg sé píosa fada orainn an naimhdeas a chreimeadh agus cluas éisteachta a fháil. An fhadhb a bhí ann a dúradh linn, ná gurbh é taithí na meán gur thosaigh gach eagras Gaeilge an *pitch* a bhí acu le 'ba cheart daoibh rud éigin a dhéanamh faoi seo' nó 'ní dhéanann sibh dada faoin nGaeilge'. Anois, níl focal ar bith a chuireann fuil na meán ag fiuchadh mar a dhéanann na focail sin. Tá na meáin saor agus neamhspleách, a deir siad. Ní chaithfimid dada a dhéanamh. Agus seo é bun agus barr an scéil, mura gceapann na meáin go bhfuil an scéal fírinneach, suimiúil, spraíúil nó ceangailte le saol a lucht éisteachta/féachana, ní theagmhóidh siad leis. An chúis eile a thug siad, ná go mbíodh go leor scéalta Gaeilge ag baint le heasnamh nó le héagóir, agus go bhfuil níos mó cásanna amuigh ansin a bhfuil scéal níos measa acu. Anois, is fíor go bhfuil roinnt eisceachtaí ann mar atá i ngach rud agus go bhfuil roinnt daoine sna meáin báúil leis an nGaeilge, ach caithfidh na critéir thuas fós a bheith sa *phitch*.

Mar sin is minic a chaitheamar píosa fada ag míniú go foighneach do thaighdeoir nó d'iriseoir na difríochtaí idir Oireachtas na Gaeilge agus an tOireachtas i Sráid Chill Dara, nó go bhfuil a leithéid de rud ann agus áit nach labhraítear ach Gaeilge, nó nach bhfaighimid uile deontas agus mar sin de.

Anois, de bhuíochas na mblianta ag plé leo, ní chuireann siad síos an fón nuair a deirimid an focal Gaeilge. Ar ndóigh, cabhraíonn pictiúr de chailín álainn aimsire TG4 fós, nó réalta éigin le cúpla focal nó leaid óg ag damhsa ar bhairille. Uaireanta eile, is gá a bheith níos dána. Is cuimhin liom taisteal go dtí Oireachtas na Samhna i gCathair na Mart tráthnóna fuar fliuch. Bhí carr romham ag timpeallán taobh amuigh den bhaile agus tháinig smaoineamh chugam. Chuir mé téacs chuig AA Roadwatch. Cúpla nóiméad ina dhiaidh sin chuala mé guth an láithreora ar an raidió: *'Travellers are warned of delays on the Westport road due to heavy traffic as people gather for Oireachtas na Samhna which is taking place there over the weekend.'* Rinne mé gáire bheag. Chuala 180,000 duine é sin, agus b'in é bun agus barr an scéil.

Is dócha gurbh é an tréimhse ba shuimiúla a chaith mé ag plé le caidreamh poiblí na Gaeilge ná an seal a chaith mé le TG4. Cuireadh ar bun an stáisiún tar éis díospóireacht fhíochmhar faoi chur amú airgid agus ama. Bhí daoine cinnte go dteipfeadh air agus bhí dúshlán ag an stáisiún é féin a chur os comhair an phobail i dteanga nua, le dearcadh nua. Níorbh fhiú cloí leis an seandearcadh Gaeilge a bhí agus atá bunaithe ar chearta, mar ní raibh aon ghreamú aige seo leis an bpobal. In áit sin, bhí cur chuige uainn a bhí mealltach, oscailte ach fós dúchasach. Gaeilgeoirí álainn le Gaeilge bhinn mhilis chun lucht féachana a mhealladh, *Hector, Ceol Tíre, Rugbaí* agus fotheidil chun a thaispeáint go raibh muid oscailte agus ag cur fáilte roimh chách. Agus faoi dheireadh togha na gclár faisnéise, ceol traidisiúnta agus scannáin dhomhanda dóibh siúd a tháinig isteach.

Nuair atá tú beag, is fearr mealladh ná gríosú agus is ag mealladh a bhí muidne mar fásann an grá as an áit nach bhfuil faitíos. Arís, thug muid cuireadh d'iriseoirí teacht agus an t-atmaisféar, an dóchas agus an dua a bhrath dóibh féin. Thit go leor faoi gheasa an stáisiúin bhig seo ar chósta Chonamara agus an fhuinnimh úir a bhain léi. Mar thoradh air sin, is minic a scríobhadh ailt dea-mhéiniúla fúinn. Creidim gur bhris TG4 an seandearcadh ar an nGaeilge agus go bhfuil siad á dhéanamh fós. Tá branda den scoth aici agus cinnteoidh an branda sin tacaíocht ó pholaiteoirí, ó státseirbhísigh agus níos tábhachtaí fós, ón bpobal leathan, ar a bhfuil an stáisiún ag brath agus ag freastal.

Scéal maith é drochscéal, agus ní scéal ar bith é dea-scéal, a deirtear sna meáin. Is breá leis na meáin cnáimhseáil, clamhsán agus geonaíl; go deimhin maireann siad ar an drochnuacht agus an saighdeadh, milleán agus achrann a thagann léi. Ach, de ghnáth, tagann na scéalta sin díreach chuig na meáin ó cibé duine atá thíos leis agus ní bhactar le gníomhaire caidrimh phoiblí a úsáid. Is mór an trua é sin, mar is minic a airíonn na créatúir bhochta a insíonn a scéal féin níos measa tar éis an beart a dhéanamh. A gcuid trioblóidí príobháideacha pléite acu os comhair an phobail, b'fhéidir cúpla deor silte acu agus a gcáil cúig nóiméad déag bainte amach acu. Ach ansin, tagann an náire agus an aiféala nuair a thuigeann siad nár athraigh a gcuid gleo dada ach a gclú. Ní thuigeann siad i ndáiríre nach raibh iontu ach bealach ag na meáin chun aird a tharraingt orthu féin agus cúpla fógra a dhíol. An taighdeoir nó an t-iriseoir a bhí chomh cineálta agus tuisceanach sin roimh an mhír nó an alt, is ar éigin a fhreagraíonn siad an fón anois. Tá siad imithe ag tóraíocht an chéad chréatúr bocht eile a ndearnadh éagóir air. Molaim do dhaoine i gcónaí comhairle a lorg sula dtugann siad a scéal do na meáin agus machnamh ceart a dhéanamh ar an toradh atá uathu. Tá an iomarca cásanna tragóideacha feicthe agam de dhaoine bochta a caitheadh le fána tar éis iad féin a nochtadh os comhair an tsaoil.

Ní dhéanaim gnó anois ach leo siúd nach mbeadh náire orm a bheith luaite leo. Caithim a thuiscint céard atá ar siúl acu agus cén fáth atá leis. Ní gá dom aontú leo i gcónaí, ach caithfidh creideamh agus iontaoibh a bheith agam go bhfuil féith na fírinne sa mhéid atá siad ag rá. Tá cairde agam sa ghnó a deir go n-airíonn siad mar striapacha go minic, ag freastal ar chliaint nach bhfuil anam ná croí ag baint leo. Caitheann siad a saol ag scaipeadh

scéalta nach gcreideann siad iontu, agus níl dada níos suaraí ná sin.
Ach is mar sin atá an saol ó thús ama. Bhí Naomh Pádraig, Maois, Naomh
Pól, ar thriúr de na gníomhairí ba chumhachtaí riamh. Gan trácht ar Hitler,
Stalin agus Mao. Dea-scéal agus drochscéal, bíonn foinse acu uile.

An chéad uair eile a bhíonn tú ag éisteacht leis an raidió nó ag breathnú ar
an teilifís, nó ag scagadh na bpáipéar, tabhair aird ar fhoinsí na scéalta atá
os do chomhair. Smaoinigh cad as ar tháinig siad agus cé a chuir ann iad. Bí
cinnte go raibh lámh ag gníomhaire caidrimh phoiblí i go leor acu.